博雅国际汉语精品教材
北大版长期进修汉语教材

博雅汉语听说・高级飞翔篇 Ⅲ

Boya Chinese
Listening and Speaking (Advanced) Ⅲ

李晓琪 主编

刘立新 雷雯 池玮敏 编著

图书在版编目(CIP)数据

博雅汉语听说. 高级飞翔篇. Ⅲ/刘立新，雷雯，池玮敏编著. —北京：北京大学出版社，2020.9
北大版长期进修汉语教材
ISBN 978-7-301-30650-5

Ⅰ.①博… Ⅱ.①刘… ②雷… ③池… Ⅲ.①汉语-听说教学-对外汉语教学-教材 Ⅳ.①H195.4

中国版本图书馆CIP数据核字(2019)第167677号

书　　　名	博雅汉语听说·高级飞翔篇Ⅲ
	BOYA HANYU TINGSHUO · GAOJI FEIXIANG PIAN Ⅲ
著作责任者	刘立新　雷雯　池玮敏　编著
责任编辑	任　蕾
标准书号	ISBN 978-7-301-30650-5
出版发行	北京大学出版社
地　　　址	北京市海淀区成府路205号　100871
网　　　址	http://www.pup.cn　　新浪微博：@北京大学出版社
电子信箱	zpup@pup.cn
电　　　话	邮购部 010-62752015　发行部 010-62750672　编辑部 010-62753334
印　刷　者	三河市博文印刷有限公司
经　销　者	新华书店
	889毫米×1194毫米　大16开本　12.5印张　320千字
	2020年9月第1版　2020年9月第1次印刷
定　　　价	78.00元（含课文、听力文本及参考答案）

未经许可，不得以任何方式复制或抄袭本书之部分或全部内容。
版权所有，侵权必究
举报电话：010-62752024　电子信箱：fd@pup.pku.edu.cn
图书如有印装质量问题，请与出版部联系，电话：010-62756370

前　言

　　"听、说、读、写"是第二语言学习者必备的四项语言技能，全面掌握了这四项技能，就能够实现语言学习的最终目标——运用语言自由地进行交际。为实现这一目的，自20世纪中后期起，从事汉语教学工作的教材编写者们在综合教材之外，分别编写了听力教材、口语教材、阅读教材和写作教材，这对提高学习者的"听、说、读、写"四项语言技能起到了至关重要的作用。不过，由于各教材之间缺乏总体设计，各位编者各自为政，产生的结果就是教材主题比较零散，词汇和语言点数量偏多，重现率偏低。这直接影响到教学效果，也不符合第二语言学习规律和现代外语教学原则。21世纪以来，听说教材和读写教材开始出现，且以中级听说教材和中级读写教材为主，这是教材编写的新现象。

　　本套系列教材突破已有教材编写的局限，根据语言教学和语言习得的基本原则，将听力教学和口语教学相结合，编写听说教材9册，将阅读教学和写作教学相结合，编写读写教材6册，定名为《博雅汉语听说》《博雅汉语读写》系列教材。这是汉语教材编写的一次有益尝试。为保证教材的科学性和有效性，在编写之前，编者们多次研讨，为每册教材定性（教材的语言技能性质）、定位（教材的语言水平级别）和定量（教材的话题、词汇和语言点数量），确保了教材设计的整体性和科学性。这符合现代外语教材编写思路和原则，也是本套教材编写必要性的集中体现。相信本套教材的出版，可为不同层次的学习者（从初级到高级）学习和掌握汉语的听说、读写技能提供切实的帮助，可为不同院校的听说课程和读写课程提供突出语言功能的成系列的好用教材。

　　还要说明的是，早在2004年，北京大学对外汉语教育学院的一些教师已经陆续编写和出版了《博雅汉语》综合系列教材，共9册。该套教材十余年来受到使用者的普遍欢迎并获得北京大学2016年优秀教材奖。2014年，该套教材根据使用者的需求进行了修订。本次编写的《博雅汉语听说》《博雅汉语读写》系列教材与《博雅汉语》综合系列教材成龙配套，形成互补（听说9册与综合9册对应，读写分为初、中、高三个级别，也与综合教材对应）和多维度的立体结构。无论是从教材本身的体系来看，还是从出版的角度来说，同类系列汉语教材这样设计的还不多见，《博雅汉语》和《博雅汉语听说》《博雅汉语读写》系列教材的出版开创了汉语教材的新局面。

本套教材（听说系列、读写系列）的独特之处有以下几点：

1. 编写思路新，与国际先进教学理念接轨

随着中国国际地位的提高，世界各国、各地区学习汉语的人越来越多，汉语教学方兴未艾，编写合适的汉语系列教材是时代的呼唤。目前世界各地编写的汉语教材数量众多，但是很多教材缺乏理论指导，缺乏内在的有机联系，没有成龙配套，这不利于汉语教学的有效开展。国内外汉语教学界急需有第二语言教学最新理论指导的、有内在有机联系的、配套成龙的系列教材。本套系列教材正是在此需求下应运而生，它的独到之处主要体现在编写理念上。

第二语言的学习，在不同的学习阶段有不同的学习目标和特点，因此《博雅汉语听说》《博雅汉语读写》系列教材的编写既遵循了汉语教材的一般性编写原则，也充分考虑到各阶段的特点，较好地体现了各自的特色和目标。两套教材侧重不同，分别突出听说教材的特色和读写教材的特色。前者注重听说能力的训练，在过去已有教材的基础上有新的突破；后者注重读写能力的训练，特别重视模仿能力的培养。茅盾先生说："模仿是创造的第一步。"行为主义心理学也提出"模仿"是人类学习不可逾越的阶段。这一思想始终贯穿于整套教材之中。说和写，都从模仿开始，模仿听的内容，模仿读的片段，通过模仿形成习惯，以达到掌握和创新。如读写教材，以阅读文本为基础，阅读后即引导学习者概括本段阅读的相关要素（话题、词语与句式），在此基础上再进行拓展性学习，引入与文本话题相关的词语和句式表达，使得阅读与写作有机地贯通起来，有目的、有计划、有步骤、有梯度地帮助学生进行阅读与写作的学习和训练。这一做法在目前的教材中还不多见。

2. 教材内容突出人类共通文化

语言是文化的载体，也是文化密不可分的一部分，语言受到文化的影响而直接反映文化。为在教材中全面体现中华文化的精髓，又突出人类的共通文化，本套教材在教学文本的选择上花了大力气。其中首先是话题的确定，从初级到高级采取不同方法。初级以围绕人类共通的日常生活话题（问候、介绍、饮食、旅行、购物、运动、娱乐等）为主，作者或自编，或改编，形成初级阶段的听或读的文本内容。中级阶段，编写者以独特的视角，从人们日常生活中的喜怒哀乐出发，逐渐将话题拓展到对人际、人生、大自然、环境、社会、习俗、文化等方面的深入思考，其中涉及中国古今的不同，还讨论到东西文化的差异，视野开阔，见解深刻，使学习者在快乐的语言学习过程中，受到中国文化潜移默化的熏陶。高级阶段，以内容深刻、语言优美的原文为范文，重在体现人文精神、突出人类共通文化，让学习者凭借本阶段的学习，能够恰当地运用其中的词语和结构，能够自由地与交谈者交流自己的看法，能够自如地写下自己的观点和意见……最终能在汉语的天空中自由地飞翔。

3. 充分尊重语言学习规律

本套教材从功能角度都独立成册、成系列，在教学上完全可以独立使用；但同时又与综合教材配套呈现，主要体现在三个方面：

（1）与《博雅汉语》综合系列教材同步，每课的话题与综合系列教材基本吻合；

（2）词汇重合率在25%以上，初级阶段重合率在45%以上；

（3）语言知识点在重现的基础上有限拓展。

这样，初级阶段做到基本覆盖并重现综合教材的词语和语言点，中高级阶段，逐步加大难度，重点学习和训练表达任务与语言结构的联系和运用，与《博雅汉语》综合系列教材的内容形成互补循环。

配套呈现的作用是帮助学习者在不同的汉语水平阶段，各门课程所学习的语言知识（词语、句式）可以互补，同一话题的词语与句式在不同语境（"听、说、读、写"）中可以重现，可以融会贯通，这对学习者认识语言，同步提高语言"听、说、读、写"四项技能有直接的帮助。

4. 练习设置的多样性和趣味性

　　练习设计是教材编写中的重要一环，也是本套教材不同于其他教材的特点之一。练习的设置除了遵循从机械性练习向交际练习过渡的基本原则外，还设置了较多的任务型练习，充分展示"做中学""练中学"的教学理念，使学习者在已有知识的基础上得到更深更广的收获。

　　还要特别强调的是，每课的教学内容也多以听说练习形式和阅读训练形式呈现，尽量减少教师的讲解，使得学习者在课堂上获得充分的新知识的输入与内化后的语言输出，以帮助学习者尽快掌握汉语"听、说、读、写"技能。这也是本套教材的另一个明显特点。

　　此外，教材中还设置了综合练习和多种形式的拓展训练，这些练习有些超出了本课听力或阅读所学内容，为的是让学习者在已有汉语水平的基础上自由发挥，有更大的提高。

　　综上，本套系列教材的总体设计起点高、视野广，既有全局观念，也关注每册的细节安排，并且注意学习和借鉴世界优秀第二语言学习教材的经验；参与本套系列教材的编写者均是具有丰富教学经验的优秀教师，多数已经在北京大学从事面向留学生的汉语教学工作超过20年，且有丰硕的科研成果。相信本套系列教材的出版将为正在世界范围内开展的汉语教学提供更大的方便，进一步推动该领域的学科建设向纵深发展，为汉语教材的百花园增添一束具有鲜明特色的花朵。

　　衷心感谢北京大学出版社的领导和汉语室的各位编辑，是他们的鼓励和支持，促进了本套教材顺利立项（2016年北京大学教材立项）和编写实施；是他们的辛勤耕作，保证了本套教材的设计时尚、大气、色彩及排版与时俱进，别具风格。

李晓琪

于北京大学蓝旗营

使用说明

听说结合的汉语教学，可以大大提高输入与输出的效率。本教材的特色在于：利用大量具有高级口语特色的语言材料，为学生提供更为充分的输入；通过丰富的听说练习，帮助学生快速掌握所学材料，并对所学话题进行充分讨论和评说，提高其汉语表达的成就感。如果配上读写教材，则可以形成一个完整的听说读写训练环，对于学生全方位掌握相关话题内容和实现自由表达来说，无疑是最好的安排。

本教材可以与《博雅汉语·高级飞翔篇Ⅲ》及《博雅汉语读写·高级飞翔篇Ⅱ》配套使用，也可以单独使用。

全书一共8课，话题与《博雅汉语·高级飞翔篇Ⅲ》的前8课基本对应，内容涉及语言习俗、城市文化、价值观念、环境保护、伦理道德、体育竞技等方面，涵盖中国人的生活方式、价值观、思维方式以及全球化时代普遍存在的社会问题与自然问题等，其中有很多是值得讨论或辩论的内容。

为了与教学节奏相契合，也便于教师教授和学生学习，我们把每课分为三大部分，即课前热身、主课文与相关内容（包含词语、听力练习、口语练习）、综合练习等。其中主课文分三段，便于教师根据具体课时安排进行分解教学，指导学生练习。每段主课文建议用2至3课时完成，综合练习建议1至2课时完成，因此，每课一共需要7至11课时完成。这个节奏仅供参考，教师可根据学生实际水平调整教学进度。

本教材的编写理念及具体教学建议如下：

1. "课前热身"是学习的预热部分，利于学生进行头脑风暴，将注意力快速集中于本课即将学习的内容。

2. "词语"中的词语难度相当于HSK6级或以上水平，配有汉语注释，个别词语配有英文翻译。为便于与《博雅汉语·高级飞翔篇Ⅲ》配套使用，本书复现了《博雅汉语·高级飞翔篇Ⅲ》中的部分重点词语（复现词语在"词语"和"词语总表"中用

*标记），平均复现率达到20%至30%。

3. 本教材未单独设置语言点，而是将其融入练习中自然呈现，一是避免术语性的说明，减少老师的讲解；二是因为我们通过教学实践发现，例句和练习一体的语言点设计在使用时更加流畅、高效。本教材的语言点一般是复杂句式或难度较高的短语，有典型例句和配套练习供学习使用。

4. 练习的设置除了遵循从机械性练习向交际练习过渡的基本原则外，还设置了较多的任务型练习，充分展示"做中学""练中学"的教学理念，使学习者在已有知识的基础上得到更深更广的收获。我们通过听力练习、口语练习和综合练习三层递进的方式加以实现。

5. 听力练习一般3至4道题，采用"由表及里"的方式，首先是粗略的轮廓型问题，而后逐步过渡到主干和细节，一步步训练学生抓取主要信息和捕捉细节信息的能力。口语练习则采用"由点到面"的方式，从语言点和词汇出发，逐步过渡到内容理解和成段表达。在每课的最后，单设"综合练习"，是对全课主要内容的提炼和回顾，帮助学生复习所学内容，进行创造性的表达。其中很多练习属于任务型设计，需要学生提前准备，教师要注意提前布置。在"综合练习"部分，我们还提供了不少开放性的话题材料以及一些参考提示，教师可以根据学生的水平和喜好选择使用。

6. 本教材大部分选文来自原始著作或原始视频文本，为了保证长度和难度，有适当的删改。如果教师能找到与这些文本主题类似的视频供学生参考，定会取得锦上添花的效果。

本教材的编写历时多年，首先感谢北大出版社编辑们（尤其是任蕾编辑）不懈的努力与支持。感谢主编李晓琪教授认真审稿和提出宝贵的修改建议，还要特别感谢为本教材供稿的徐清白先生、孟明伟先生，以及为本教材提供插图的阿忆、耿朔先生和全晓青、宋文婧、况金津女士。

最后，希望本教材为更多的学习者提供方便，也希望使用本教材的老师和学生们对教材中的不足提出宝贵的修改意见。

编　者
2020年4月16日

目录

第 1 课　普通话与方言 ··· 1
　　第一部分 ··· 2
　　第二部分 ··· 7
　　第三部分 ··· 12
　　综合练习 ··· 16

第 2 课　五位作家的城市观 ··· 18
　　第一部分 ··· 19
　　第二部分 ··· 24
　　第三部分 ··· 29
　　综合练习 ··· 33

第 3 课　中国怎么想 ··· 35
　　第一部分 ··· 36
　　第二部分 ··· 40
　　第三部分 ··· 45
　　综合练习 ··· 50

第 4 课　从"小大楼"说起 ··· 54
　　第一部分 ··· 55
　　第二部分 ··· 61
　　第三部分 ··· 65

	综合练习	70
第5课	**奇妙的成语**	**73**
	第一部分	74
	第二部分	78
	第三部分	82
	综合练习	85
第6课	**全球气候变暖，人类将如何应对**	**87**
	第一部分	88
	第二部分	92
	第三部分	95
	综合练习	99
第7课	**无法回避的问题**	**101**
	第一部分	102
	第二部分	105
	第三部分	110
	综合练习	115
第8课	**体育与科技**	**118**
	第一部分	119
	第二部分	123
	第三部分	128
	综合练习	133
词语总表		**136**

第 1 课　普通话与方言

听力录音

课前热身

1. 你去过中国哪些省市？那些地方的人说的话你都听得懂吗？
2. 你们国家有方言吗？如果有，你能听懂吗？你们国家的方言有什么特色？

中国地图

第一部分

词语

1-1

1	方言	fāngyán	名	一种语言中不同于标准语并且只在一个地区使用的话，比如汉语的北方方言、湘方言等。
2	相遇	xiāngyù	动	相逢。
3	来着	láizhe	助	表示曾经发生过的事情。多用于口语。
4	新生代*	xīnshēngdài	名	新的一代人。
5	原汁原味	yuánzhī-yuánwèi		比喻保留着原来的风格、特色，正宗的。
6	味儿	wèir	名	味道，气味；风格，特色。
7	一家子	yìjiāzi		一个家庭里的人；全家人。
8	正宗	zhèngzōng	形	真正的，纯正的。
9	同事*	tóngshì	名	同在一个单位工作的人。
10	评书	píngshū	名	一种中国传统曲艺，由一位表演者讲述长篇故事。
11	艺人	yìrén	名	演员，手工艺工人。
12	原本*	yuánběn	副	起初，本来。
13	别名	biémíng	名	正式名字以外的名字。
14	椒盐	jiāoyán	名	一种食品调料，是胡椒或花椒与食盐的混合物；spiced salt。
15	花椒	huājiāo	名	一种食品调料，川菜常用；Chinese prickly ash。
16	胡椒	hújiāo	名	一种调味品，有黑白两种，有辣味儿；pepper。
17	比喻*	bǐyù	名	一种修辞方式，用某些有类似特点的事物来比方想要说的某一事物。

第 1 课　普通话与方言

专有名词

1	九寨沟	Jiǔzhàigōu	位于四川省北部、青藏高原的边缘，拥有原始森林和喀斯特（Karst）地貌，1992年起被联合国教科文组织（UNESCO）列为世界自然遗产，是中国著名的风景名胜区。
2	成都	Chéngdū	别称"蓉城"，四川省的省会，位于四川中部的成都平原，是中国著名的旅游城市。

注　释

1. 四川话：主要流行于中国四川和重庆的一种汉语方言。汉语的方言包括：北方方言（华北、东北方言，西北方言，西南方言，江淮方言）；湘方言；赣方言；吴方言；闽方言；粤方言；客家方言。四川话属于北方方言。
2. 评书：一种中国传统的曲艺表演形式，也叫"说书"。通常由一位表演者（说书人）讲说长篇故事。说书人常使用扇子、手帕和醒木（提醒听众注意的木板）等帮助表演。

听力练习

1-2

一　听第一遍录音，回答问题

1. 他们主要在谈论什么问题？
   A. 调料　　　　　　B. 语言

2. 郑恩美说，她在假期去了四川的什么地方？
   A. 九寨沟　　　　　B. 成都

3. 郑恩美说，她在四川容易听懂什么人说的四川话？
   A. 年轻人说的　　　B. 老年人说的

4. 范老师说，他能听懂哪种四川人说的四川话？
   A. 小时候听到的　　B. 现在听到的

5. 文中的"椒盐"是什么？
   A. 一种调料　　　　B. 一种比喻

二　听第二遍录音，把下面的词语填在合适的位置，表示它们的关系

北京话　北方话　四川话　汉语

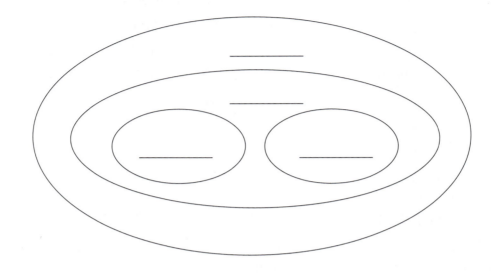

三　听第三遍录音，选择正确答案

1. 范老师觉得，新生代的四川人能不能说正宗的四川话？
   A. 都能说　　　　　　B. 有的能　　　　　　C. 都不能

2. 范老师说的"椒盐普通话"，指的是一种什么话？
   A. 非常标准的普通话　　　　　　B. 普通话味儿的四川话
   C. 四川味儿的普通话

3. 范老师说，他现在能听懂四川人说话，有哪两个原因？
   A. 范老师已经学会了四川话　　　　B. 四川话属于北方话
   C. 四川的年轻人都只说普通话了　　D. 年轻人说四川话有普通话味儿

口语练习

一　用所给词语或句式完成句子

1. **倒**

   例　小时候我和爸爸妈妈去过成都，那时候还不大能听懂，现在倒能听懂不少。

   （1）以前她只是觉得腰出问题很可怕，现在腰没问题，_____

   _____。（眼睛）

第 1 课　普通话与方言

（2）我小时候能吃辣的，大了以后，_____。（敢）

（3）听说云南空气好，她一直想去那里工作。现在真有了机会，她_____
_____。（犹豫）

2. **再说了，……（也/还）……**

例 现在很多新生代的四川人说的已经不是原汁原味的四川话，而是普通话味儿的四川话了，所以我和你才都听得懂。再说了，四川话也是北方话的一种，跟北京话算是一家子嘛。

（1）明年暑假我还要去四川，因为那里的风景很漂亮。_____
_____。（四川菜）

（2）你的汉语说得这么好，下午就请你陪他们逛街买东西吧！_____
_____。（砍价）

（3）我为什么要去会计公司找工作？那种公司的工作很累的。_____
_____。（出差）

二 仿照例子，将对话补充完整（注意画线部分的顺序），然后读一读

例 A：听说假期你去四川来着。怎么样，玩儿得？
　　B：玩儿得很好。我太喜欢四川了！

1. A：听说你参加书法比赛得奖了。_____，_____？

　　B：我得了二等奖。"一等奖的水平实在是太高了！"

2. A：老板，没想到您这里有这么多种围巾啊！_____，_____？

　　B：这条三十块。五十块给您两条，随便挑吧！

3. A：这么快就考完了？_____，_____？

　　B：考得不太好，有好几道题做不出来。

4. A：昨天你和男朋友散步的时候，我看见有一个男的跑过来给你送雨伞。_____，_____？

　　B：别猜了。那是我爸！他看起来是不是特别年轻？

三 根据提示回答问题

1. 你能说说你在假期去了哪里，做了什么事吗？
（来着　原本）

2. 在中国的很多地方都可以吃到烤鸭，为什么全聚德的烤鸭还是最受欢迎？
（原汁原味）

3. 中国人做饭时放的调料和你们国家有什么异同？
（花椒　盐　胡椒）

4. "椒盐普通话"是什么意思？
（比喻）

四 什么是比喻？请仿照例句，再写出几个比喻句

例 1. 雨后，远方出现了一道彩虹，像一座七彩桥架在天空。
　　2. 一到夏天，泳池里就跟下饺子似的，都是人。
　　3. 我最喜欢北海的白杨树，风一吹，叶子"哗哗"响，听起来就像是一阵阵热烈的掌声。

你的句子：

1. _____

2. _____

3. _____

第 1 课　普通话与方言

第二部分

 词语

1-3

1	考证*	kǎozhèng	动	根据资料来考核、证实和说明。
2	要么	yàome	连	表示从两种或几种情况中选择。
3	扭曲*	niǔqū	动	扭转变形，歪曲。
4	小品	xiǎopǐn	名	一种简短的文章或短小的表演形式。特指戏剧小品，一般是短小的话剧。
5	推崇*	tuīchóng	动	十分重视，给予很高评价。
6	网络*	wǎngluò	名	由很多事物相互联系形成的系统。特指互联网。
7	媒体	méitǐ	名	指各种交流传播公共信息的工具，如报纸、广播、电视、互联网等；也指报社、电台、电视台等组织机构。
8	入侵*	rùqīn	动	（敌军）侵入国境，（外来的或有害的事物）进入内部。
9	引以为傲*	yǐnyǐwéi'ào		为之感到骄傲。
10	不堪一击*	bùkān-yījī		经不起一次打击，也指力量十分薄弱。堪：经得起。
11	约定俗成	yuēdìng-súchéng		指某种事物的名称或人们的习惯是由人们经过长期实践而认定或形成的。
12	大有人在*	dàyǒu-rénzài		指某类人数量很多。
13	传承*	chuánchéng	动	传授和继承。
14	颠覆*	diānfù	动	翻倒；与之前完全不同，彻底改变。
15	需求*	xūqiú	名	由需要而产生的要求。
16	应运而生	yìngyùn'érshēng		随着某种形势而产生。

7

专有名词

1	新大陆	Xīn Dàlù	美洲的别称。多比喻新发现的一个领域。
2	湖南	Húnán	中国南方的一个省，位于长江中游地区，又因在洞庭湖以南而得名"湖南"（与"湖北"相对）。省会是长沙。
3	长沙	Chángshā	别称"星沙"或"星城"，湖南省的省会。位于湖南东部偏北，是中国的历史文化名城。

听力练习

一 听第一遍录音，选择正确答案

1. 范老师认为，郑恩美只能听懂他说的什么话？
   A. 普通话　　　　　B. 长沙话

2. 郑恩美猜测，哪里的人会说"塑料普通话"？
   A. 湖南人　　　　　B. 四川人

3. 范老师认为，哪种媒体没有入侵长沙话？
   A. 电视　　　　　B. 广播　　　　　C. 网络

4. 范老师认为，很多长沙人说"塑料话"的原因是什么？
   A. 长沙人推崇使用塑料　　　　　B. 长沙是一座大城市
   C. 媒体文化影响了长沙人　　　　D. "塑料话"是正宗方言

二 听第二遍录音，选择正确答案

1. 郑恩美问范老师会不会说"塑料话"，范老师回答的意思是什么？
   A. 他能听懂，但不会说，所以不说
   B. 他能听懂，也可能会说，但是不说

2. 范老师自己不说"塑料普通话"，他的两个理由是什么？
   A. "塑料话"是电视里的语言
   B. 只有长沙人才能听懂长沙话
   C. 汉语老师应该说标准普通话
   D. 长沙人应该说正宗的长沙话

第 1 课　普通话与方言

3. 范老师跟郑恩美说，语言是"约定俗成"的。意思是，他觉得长沙人＿＿＿＿。

　　A. 应该说长沙话，不可以说"塑料普通话"
　　B. 既可以说长沙话，也可以说"塑料普通话"
　　C. 应该说塑料话，不可以说长沙话
　　D. 既应该说长沙话，又应该说"塑料普通话"

三　根据录音选择合适的词语

1-5

1. 以前我只学习标准的普通话，最近听到了这么可爱的方言，好像发现了一块＿＿＿＿！

2. 我是长沙人，但我只在家乡说长沙话。我要是跟你说起长沙话来，＿＿＿＿你一句也听不懂。

3. 我们长沙人就给这种普通话起了个名字，叫作"塑料普通话"。什么意思呢？我也没＿＿＿＿过，大概就是指不太标准的普通话吧。

4. 我是汉语老师啊！要么说＿＿＿＿的普通话，要么说＿＿＿＿的家乡话，怎么能说这种＿＿＿＿的"塑料普通话"呢？

5. 你看看现在的电视节目，那些小品啊、相声啊，好像还挺＿＿＿＿"塑料普通话"呢。有人还把那些节目放到网络上传来传去的。哎！面对媒体文化的＿＿＿＿，多少年来一直让我＿＿＿＿的正宗长沙话，简直是＿＿＿＿啊！

6. 电视的力量确实很大，我能＿＿＿＿您的心情。可是，＿＿＿＿有很多人都在说这种"塑料普通话"。我记得您和我说过，语言是"＿＿＿＿"的，没有＿＿＿＿的对错，是不是？

7. 不管怎么说，正宗的长沙话，会说的仍然＿＿＿＿。作为一种方言，我还是希望它能够不断地＿＿＿＿下去。"塑料普通话"呢，虽然我不怎么喜欢——有时候我觉得，这就是对正宗方言的＿＿＿＿嘛——但是，只要人与人之间确实有这种交流的＿＿＿＿，新的方言自然会＿＿＿＿，要是没有需求了，那就让它＿＿＿＿好了。

口语练习

一　用所给句式完成句子

1. 要么……要么……

   例 我是汉语老师啊！要么说标准的普通话，要么说正宗的家乡话。

   （1）你应该早点儿说出你的决定，_____，_____，不要让人家猜来猜去。

   （2）吃面条，汤的温度是有讲究的，_____，_____，不冷不热的最难吃了。

   （3）我喜欢染头发，_____，_____，但我不会染成绿色的。

   （4）明天你可以来我家找我，但是中午我要出去吃饭，所以你_____，_____，怎么样？

2. 但不管怎么说

   例 很多人都在说"塑料普通话"，而不说长沙话了。但不管怎么说，正宗的长沙话，会说的仍然大有人在。

   （1）网络连通了全世界，很多人开始在网上聊天儿。_____，面对面的聊天儿_____。

   （2）周末去超市购物，自己开车确实很方便。_____，平时上下班还是_____。

   （3）这次考试我的成绩不太理想，可能拿不到奖学金了。_____，我还是应该_____。

（4）年轻人越来越喜欢独立的生活，这是好现象。＿＿＿＿＿＿＿＿，还是要常回父母家看看。

二 根据提示回答问题

1. 如果有中国朋友和你一起去你们国家，你能帮他做翻译吗？
   （保证）

2. 在中国，你有没有从广播、电视里听到或看到过什么好玩儿的节目？
   （评书　相声　小品）

3. 如果你的语言或方言的传统被"入侵"或"颠覆"了，你会怎么想？
   （超脱　摆正心态）

4. 很多人用网络写信、聊天儿、找朋友，为什么网络会这么受欢迎？
   （应运而生）

5. 范老师认为，很多传统的方言还会传承下去。这是为什么？
   （大有人在）

三 小演讲：我与方言

你在学校学习汉语普通话，但在中国的很多地方或者在电影、电视里，你可能还听到过各种方言，比如本课出现的四川话、长沙话等。请回忆一下，向同学们介绍一下你所了解的汉语方言。（不超过5分钟）

提示：
1. 你在什么时候、什么地方接触到了汉语方言？
2. 你知道这种方言的名字吗？它和普通话像不像？你能听懂吗？
3. 你喜欢听哪种汉语方言？
4. 你会说汉语方言吗？如果会，请给大家说几句。

第三部分

词语

1-6

1	取笑*	qǔxiào	动	开玩笑，嘲笑。
2	泡菜	pàocài	名	用白菜、萝卜等蔬菜加上盐、糖、辣椒粉等调料在凉开水里泡制而成的一种带酸味的菜。
3	发音	fāyīn	名	发出的语音或乐音。
4	展示*	zhǎnshì	动	清楚地摆出来，明显地表现出来。
5	南腔北调	nánqiāng-běidiào		形容语音不标准，有方言的特点。
6	方言土语	fāngyán-tǔyǔ		泛指一种语言的各种方言。
7	分辨	fēnbiàn	动	辨别，区分。
8	洋腔洋调	yángqiāng-yángdiào		特指外国人说汉语时不太标准的语调。
9	外星人*	wàixīngrén	名	地球以外的天体上有可能存在的具有高等智慧的生物。extraterrestrial being。
10	包容*	bāoróng	动	宽容，大度。
11	超越*	chāoyuè	动	超出，越过。
12	有谱儿	yǒu pǔr		有把握。多用于口语。

听力练习

1-7

一 听第一遍录音，选择正确答案

1. 郑恩美说，她的汉语有"泡菜味儿"。原因是什么？
   A. 她的汉语像用水泡过的　　B. 她的发音有点儿酸味儿
   C. 她的发音有韩语的味道

2. 范老师说，他没想到郑恩美是韩国人。原因是什么？
   A. 她长得很像中国人　　B. 她的普通话很标准

第 1 课　普通话与方言

3. 范老师说，"你自己有这个意识就好"。这句话是想告诉郑恩美什么？
   A. 她再也不用练习汉语了　　　　B. 她以后还应该坚持练习
   C. 他讨厌她的泡菜味儿

4. 郑恩美说，她心里"有谱儿"了。她要表达什么意思？
   A. 这门课对她很有用　　　　　　B. 这门课对她没有用

二　听第二遍录音，选择正确答案

1-7

1. 郑恩美和一些在中国的外国人交流时，她认为他们的汉语_____。
   A. 说得比她流利　　　　　　　　B. 有中国方言的味道
   C. 洋腔洋调非常严重，听不懂

2. 范老师认为，中国人听什么样的话更容易明白？
   A. 外国人说的普通话　　　　　　B. 中国人说的方言

3. 范老师认为，中国人会包容和适应外国人的洋腔洋调。他的理由是什么？
   A. 大家有交流的需要　　　　　　B. 大家都是地球人
   C. 大家说的话都不一样　　　　　D. 我们都会说英语

4. 范老师认为，上"高级听说"课对郑恩美很有用。他的两个理由是什么？
   A. 那位老师的普通话很标准　　　B. 老师说的汉语和她一样流利
   C. 可以一步一个脚印地练习　　　D. 只要听老师说汉语就够了

三　根据录音选择合适的词语

1-8

1. 您说得有道理。您看，我和您说汉语，您从来也不_____我的"泡菜味儿"。

2. 我有几个音一直发不好，您以前常常_____我，谢谢您。但我自己知道，我现在的发音还是不够_____，而且怎么也改不了。

3. 你的发音，_____听，是还有点儿小毛病，也有点儿不够_____。不过，你自己有这个_____就好。

4. 其实，只要是中国人，说的是普通话，即使有些_____，也就是带上不同地区方言土语的味道，大家也还能听得明白。可是，如果要让我们分辨外国人

13

的_____就困难多了。当然了,大家谁也不是_____,说话交流的目的是_____的,就是要理解对方的意思,所以我们应该_____包容你们,适应你们才好。

口语练习

一 用所给句式完成句子

(要/应该)……才好

例 我们说话交流的目的是一致的,就是要理解对方的意思,所以我们应该尽量包容你们、适应你们才好。

1. 每一粒粮食都是农民辛辛苦苦种出来的,所以我们_____。 (珍惜)

2. 图书馆的书是给大家读的,如果你已经读完了这本书,那么你_____ _____。 (归还)

3. 你能把汉语说得这么流利,这当然很好,但也_____ _____。 (清楚)

4. 去陌生的山区旅行,不仅应该带上地图,而且_____ _____。 (向导)

二 用所给句式改写句子并读一读

既然……就……

例 因为你们愿意说汉语,所以我们应当努力听你们说。
→ 你们既然愿意说汉语,我们就应当努力听你们说。

1. 因为他希望上台表演,所以我们应该给他一个机会。

_____

第 1 课　普通话与方言

2. 因为你已经接受他们的邀请了，那我们就下次再请你。

_____

3. 因为我知道他一定会准时出发，所以没必要再催他。

_____

4. 因为老板相信你对公司的忠诚，所以不会开除你。

_____

三　根据提示回答问题

1. 你听中国朋友说他的家乡话，能知道他是哪里人吗？
　（分辨　南腔北调）

2. 你觉得你的汉语应该说得更流利还是更清楚？
　（发音　洋腔洋调）

3. 如果中国朋友夸你的汉语说得好，你会怎么说？
　（坚持　感谢　包容）

四　交流与讨论：我的洋腔洋调

提示：
1. 你还记得你刚开始学汉语时的情况吗？
2. 你当时的汉语发音怎么样？
3. 如果别人取笑、模仿你的发音，你会生气吗？
4. 你现在的汉语发音怎么样？

参考句式：
1. ……才好
2. 既然……就……

综合练习

一　小游戏：听清，记住，说明白

说明：

　　分成小组完成传话游戏。听一听，哪些小组传得对；比一比，哪个小组传得快。

步骤：

　　老师把一张纸条交给各小组的第一位同学。纸条上写着一句话，只有第一位同学可以看。然后，他对第二位同学说出这句话。第二位同学再对第三位同学说……最后一位同学把他听到的话告诉大家，看看和纸条上的一样不一样。

建议：

　　句子由易到难，5—8轮即可。

二　课外调查：普通话与方言

具体步骤：

1. 词语准备：

　　普通话　　标准　　南腔北调　　正宗　　原汁原味　　倒

2. 句式准备：

　　（1）有……味儿
　　（2）既然……就……
　　（3）要么……要么……
　　（4）……才好

3. 采访提纲：

　　（1）问中国人

　　　　①你觉得什么是普通话？你觉得你的普通话怎么样？
　　　　②你知道中国哪些方言？你能听懂哪些方言？会说吗？你对方言有什么看法？你喜欢广播、电视里的方言节目吗？
　　　　③你觉得所有中国人都需要学普通话吗？为什么？

第 1 课　普通话与方言

（2）问外国人

　　① 你和中国人说汉语吗？你们互相听得懂吗？

　　② 你和中国人说话的时候，最大的困难是什么？你会怎么办？

　　③ 你平时会和同学们用汉语交流吗？如果互相听不懂，你会怎么办？

4. 总结调查内容并谈谈你对普通话和方言的看法。

5. 向全班报告，时间10分钟。

三　从网上搜索相声《普通话与方言》，记录主要信息并模仿表演其中的片段

新学习的词语和句子	主要内容

17

第 2 课 五位作家的城市观

听力录音

课前热身

1. 在你看来，什么是城市文化？
2. 你最喜欢哪个城市？那个城市的文化是什么？请举例说明。
3. 以下五幅图有可能是哪五座城市？你是否去过？

第2课 五位作家的城市观

第一部分

🎧 词语

2-1

1	城市观	chéngshìguān	名	对城市的认识或看法。
2	人文*	rénwén	名	指人类社会的各种文化现象。
3	可谓*	kěwèi	动	可以说是。
4	魂	hún	名	泛指各种事物的精神。
5	气质*	qìzhì	名	指人的相当稳定的个性特点。
6	依次*	yīcì	副	按照顺序。
7	各异*	gèyì	形	每个都不一样。
8	试图*	shìtú	动	打算，努力做某事以达到目的。多用于书面语。
9	大都市*	dà dūshì		大城市。
10	流域*	liúyù	名	一个水系的干流和支流所流过的整个地区。
11	内陆	nèilù	名	一国或一地区的远离大都市或文化中心的部分。
12	无意	wúyì	动	没有做某种事的愿望。
13	呈现	chéngxiàn	动	显出，露出。多用于书面语。
14	景观*	jǐngguān	名	景色，景象。
15	绿化*	lǜhuà	动	种植树木花草，使环境优美卫生，防止水土流失。
16	排名*	pái míng		排列名次。
17	市场经济	shìchǎng jīngjì		大部分货物和服务是通过自由市场和价格体系而产生和分配的经济制度。
18	发源地*	fāyuándì	名	泛指事物开端的地方。
19	旺盛	wàngshèng	形	生命力强，情绪高涨，茂盛。
20	气息	qìxī	名	特征或显著的优点。
21	龙马精神	lóngmǎ-jīngshén		比喻人精神旺盛。龙马：古代传说中形状像龙的骏马。

22	大排档	dàpáidàng	名	设在路边街口出售食品杂货的小摊。
23	店铺	diànpù	名	各种商店、铺子的统称。
24	明星*	míngxīng	名	比喻杰出的人物。
25	宽松	kuānsōng	形	宽畅，松快。
26	大惊小怪	dàjīng-xiǎoguài		形容对于不足为奇的事情过分惊讶。
27	市民*	shìmín	名	城市居民。
28	衡量*	héngliáng	动	考虑斟酌事物的轻重得失。
29	看重	kànzhòng	动	重视。
30	衣着	yīzhuó	名	指身上的穿戴，包括衣服、鞋、袜、帽子等。
31	款式	kuǎnshì	名	样式。

专有名词

| 京广线 | Jīng-Guǎng Xiàn | 贯通中国南北的重要铁路干线。北起首都北京市，南到广东省广州市，途经河北、河南、湖北、湖南4省。 |

被采访作家介绍

黄爱东西，女，本名黄爱东，"小女人散文"的开创者，土生土长的广州人。出版过《花妖》《桃之夭夭》等作品。

听力练习

2-2

一 听第一遍录音，判断对错

1. 有什么样的城市，就有什么样的人。（　　）
2. 这五座城市并非都是大都市，但都是内陆城市。（　　）
3. 广州是市场经济和大排档的发源地。（　　）
4. 广州人衡量生活的标准是穿衣服要讲款式。（　　）
5. 广州人看重自己的高兴和舒适。（　　）

第2课　五位作家的城市观

二　听第二遍录音，完成练习

1. 记者选择这五座城市进行介绍和访谈的目的是什么？
   A. 呈现每座城市特有的景观
   B. 对五座城市的绿化程度进行排名
   C. 对五座城市的经济排名进行比较
   D. 了解当地人对自己城市的看法

2. 下列说法不正确的是_____。
   A. 记者挑选的五座城市都在"京广线"上
   B. 记者采访了五位电影明星对于五座城市的看法
   C. 最早的大排档出现在广州
   D. 广州人穿衣服不重视款式

三　根据录音选择合适的词语

人文精神_____城市的根与魂。以广州为例：广州是市场经济的_____，到处是_____的人间烟火气息。广州也是大排档的发源地，大排档的店铺一家不让一家。如果在大排档里看到某位明星，你绝对不要感到_____。广州最大的特点是生活_____、环境_____。无论什么样的_____，在这里都不会引起_____的反应。

口语练习

一　用所给词语或句式完成句子

1. **反过来说**
   例 有什么样的城市，就有什么样的人，当然反过来说也是一样的。

   （1）工业化、城市化、市场化不等于现代化，_____
   _____。

（2）有人说："知子莫若父"，_____

_____。

（3）俗话说："便宜没好货"，_____

_____。

（4）常言道："可怜之人必有可恨之处"，_____

_____。

2. 不难理解……为什么……

   例 广州是市场经济的发源地，到处是旺盛的人间烟火气息，这就不难理解广州人为什么爱说"龙马精神"。

   （1）有一句俗话说"湖南人怕不辣"，不难理解，_____

   _____。

   （2）"台上十分钟，台下十年功"，不难理解，_____

   _____。

   （3）"不到长城非好汉"，不难理解，_____

   （4）"五岳归来不看山，黄山归来不看岳"，不难理解，_____

   _____。

3. 如果……绝对不要感到意外，因为……

   例 如果在大排档里看到某位明星，你绝对不要感到意外，因为这跟在北京三里屯撞到明星的机会一样多。

   （1）如果有一天你看到各个商场都在大减价，_____

   _____。

   （2）如果在零下几度的冬天看到有人跳进水里游泳，_____

   _____。

（3）如果你听说她会九国语言，_____

_____。

（4）如果你在那个公园里看到一位九十多岁的老人在打太极拳，_____

_____。

二 仿照例子，设计对话

1. 问：你们这次访谈的意图是什么？
   答：我们无意去呈现城市特有的景观，也不从绿化程度或经济发展的排名来进行比较，而更多的，是想了解生活于其中的人是怎么看待自己所在的城市。

   （参加马拉松　举办演讲比赛　做方言调查）

   问：_____

   答：_____

2. 问：广州市民衡量好生活的标准是什么？
   答：广州人看重自己的高兴、舒适。比如衣着上不讲款式，但绝对要舒服。

   （幸福　成功　好丈夫）

   问：_____

   答：_____

三 根据例句进行口语练习

例 有什么样的城市，就有什么样的人。

1. 你同意例句里的观点吗？说说你的看法。
2. 就以下话题说说你的看法。
   （1）有什么样的父母，就有什么样的孩子。
   （2）有什么样的老师，就有什么样的学生。
   （3）有什么样的性格，就有什么样的命运。
   （4）有什么样的领导，就有什么样的企业文化。

句式提示：
（1）众所周知/人人都说……
（2）我赞同/不赞同这个观点；我认为这个观点值得商榷。
（3）从一方面看……，从另一方面看……
（4）进一步说……
（5）总而言之/总之……

四 复述课文开场内容

词语提示：

人文　可谓　气质　挑选　风格各异　试图　呈现　位于　无意于

第二部分

 词语

2-5

1	装腔作势	zhuāngqiāng-zuòshì		故意做出某种样子，想引人注意或吓唬人。
2	掌声	zhǎngshēng	名	鼓掌的声音。
3	雷动	léidòng	动	声音像打雷一样。
4	浑然忘我	húnrán wàngwǒ		完全忘记了自己，形容很投入。
5	参与*	cānyù	动	参加（事务的计划、讨论、处理）。
6	主持人	zhǔchírén	名	主持并控制会场或节目的人。
7	居住地	jūzhùdì	名	居住的地方。
8	韧性	rènxìng	名	坚忍不拔的意志。
9	屈服	qūfú	动	对外来的压力妥协让步，放弃斗争。
10	打牌	dǎ pái		玩扑克牌（poker）之类的游戏。
11	兼容*	jiānróng	动	同时容纳几个方面。
12	自成一派	zìchéngyīpài		在某些方面有独创的见解或独特的做法，能自成体系。
13	繁华	fánhuá	形	（经济或事业）蓬勃发展，昌盛。

第2课 五位作家的城市观

14	地段	dìduàn	名	地面上的一段，一定区域。
15	支	zhī	动	撑，从下向上顶住使不倒。
16	煤炉	méilú	名	烧煤的炉子（coal stove）。
17	火暴	huǒbào	形	暴躁，急躁。
18	概率	gàilǜ	名	某种事件在同一条件下表示发生的可能性大小的量。
19	冷落	lěngluò	动	使受到冷淡地对待。
20	轮	lún	量	用于循环的事物或动作。
21	优惠*	yōuhuì	形	比一般丰厚的，超于一般的。
22	不打不成交	bù dǎ bù chéng jiāo		不相互交锋就成不了朋友。
23	掏心掏肺	tāoxīn-tāofèi		可以把心和肺都掏出来，比喻发自内心。
24	两肋插刀	liǎnglèi-chādāo		比喻做出重大牺牲。肋：胸部的两侧。
25	位居*	wèijū	动	位次居于（序列中的某处）。
26	冲撞	chōngzhuàng	动	言语或行为与对方抵触，冒犯了对方。
27	主义	zhǔyì	名	对客观世界、社会生活以及学术问题等所持某种特定的思想、宗旨、学说体系或理论。

注 释

1. 刀子嘴豆腐心：比喻说话尖刻而心地慈善。
2. 拿来主义："拿来主义"一词是鲁迅首倡的。意思是一切好的东西都是人类的共同财富，中国在发展过程中，外国好的东西、对中国的进步有益的东西都应该吸收。现比喻吸收外来事物的长处，为自己所用。

被采访作家介绍

1. 何顿，男，原名何斌，湖南郴州人。以擅用长沙方言描写长沙人生活著称。主要作品有《就这么回事》《我们像葵花》《生活无罪》《清清的河水蓝蓝的天》等。
2. 池莉，女，武汉人，作家，在中国当代文学界具有极高的知名度。池莉的作品关注市井生活，通过文字与读者坦诚相见。其代表作《来来往往》《生活秀》《小姐你早》等改编成电视剧以后，受到了观众的欢迎。

听力练习

一 听第一遍录音，选择正确答案

1. 文中提到哪里的司机坚持说方言？
   A. 长沙　　　　　　　　B. 武汉

2. 作家何顿认为湖南人喜欢什么？
   A. 吃饭、喝酒、打牌　　B. 唱歌、吃饭、喝茶

3. 作家池莉认为武汉人的性格怎么样？
   A. 温和　　　　　　　　B. 火暴

4. 武汉市在中国的什么位置？
   A. 中部　　　　　　　　B. 北部

5. 武汉这座城市的特点是什么？
   A. 包容　　　　　　　　B. 排他

二 听第二遍录音，判断对错

1. 长沙人把方言发展成一种娱乐。　　　　　　　　　　　　（　　）
2. 作家何顿选择不去北京而留在长沙是因为在长沙朋友多。（　　）
3. 武汉的菜系南北兼容。　　　　　　　　　　　　　　　　（　　）
4. 武汉人对人很不友善。　　　　　　　　　　　　　　　　（　　）
5. 武汉一直享受不到国家最优惠的政策。　　　　　　　　　（　　）

三 根据录音选择合适的词语

1. 长沙的出租车司机_____说长沙方言。因为在长沙人看来，不会说普通话还不如不说，硬要说那种带着_____的长沙口音的普通话会显得有点儿_____。

2. 从心态上来说，湖南人有_____，很少愿意_____；湖南人好朋友、好热闹，喜欢聚在一起吃饭、喝酒、打牌；湖南是出思想、概念、头脑的地方，_____多。

第 2 课　五位作家的城市观

3. 其实武汉人的火暴也就是刀子嘴_____，与武汉人打交道往往是_____。在武汉待久了你就会发现，武汉人心挺好的，好起来可以对人_____、两肋插刀。

4. 武汉文化的特点就是_____中国所有大城市的特点。武汉_____中国中部，接待的是_____的客，吃的是_____的菜，什么衣服好看就穿什么衣服，喜欢谁就认谁。

口语练习

一　用所给词语造句

1. 装腔作势
   例　在长沙人看来，不会说普通话还不如不说，硬要说那种带着浓重的长沙口音的普通话会显得有点儿装腔作势。

2. 浑然忘我
   例　（在长沙的歌厅里）很多中年人也浑然忘我地站起来边唱边舞，参与其中。

3. 自成一派
   例　因为南北兼容，武汉没有自己的菜系，但这里的臭豆腐倒是自成一派。

4. 刀子嘴豆腐心
   例　不过，其实武汉人的火暴也就是刀子嘴豆腐心。

5. 不打不成交
   例　与武汉人打交道往往是不打不成交。

6. 掏心掏肺，两肋插刀

例 在武汉待久了你就会发现，武汉人心挺好的，好起来可以对人掏心掏肺、两肋插刀。

_____

_____

二 仿照例子，根据提示设计对话

1. 问：长沙人对于方言的看法是怎样的？

   答：在长沙人看来，不会说普通话还不如不说，硬要说那种带着浓重的长沙口音的普通话会显得有点儿装腔作势。而且长沙人不仅能把方言发展成一种娱乐，还能将其变成一门大生意。在歌厅，演员们用长沙话拉着高音满场走，常是掌声雷动，甚至有的歌手边喝边唱，很多中年人也浑然忘我地站起来边唱边舞，参与其中。主持人常挂在嘴边的一句话，"大家是来开心的，不是来开会的"。

   （考试　出国留学　异地恋）

   问：_____

   答：_____

   _____

   _____

2. 问：你怎么评价武汉文化的特点？

   答：应该说武汉文化的特点就是拥有中国所有大城市的特点。武汉位居中国中部，接待的是南来北往的客，吃的是天南地北的菜，什么衣服好看就穿什么衣服，喜欢谁就认谁。冲撞之后是包容改造，拿来之后成为自己的主义。

   （追星族　丁克家庭　低碳生活）

   问：_____

   答：_____

   _____

   _____

第 2 课　五位作家的城市观

三　说一说

（1）从下列词语中选择合适的形容一下广州、长沙和武汉并说明理由。

1	生猛	shēngměng	形	富有活力和生气的。
2	逍遥	xiāoyáo	形	潇洒，不受任何约束。
3	自在	zìzai	形	身心舒畅，安闲舒适。
4	平和	pínghé	形	形容气氛平静、安宁，也可以指人的性情或言行温和。
5	大气	dàqi	形	气度大，气势大。与"小气"相对。

（2）你喜欢什么类型的城市？为什么？

第三部分

 词语

2-8

1	省会*	shěnghuì	名	省行政机关所在地。一般也是全省的经济、文化中心。
2	萧条	xiāotiáo	形	寂寞冷落，毫无生气。
3	善意	shànyì	名	善良的心意，好意。
4	况且	kuàngqiě	连	表示更进一层，多用来补充说明理由。
5	讯息	xùnxī	名	消息，信息。
6	闭塞	bìsè	形	消息不灵通。
7	内陆	nèilù	名	大陆远离海岸的部分。
8	移民*	yímín	名	迁到外地或外国居住的人。
9	具*	jù	动	具有。
10	包容性	bāoróngxìng	名	包容力，宽容的性质。
11	排外	páiwài	动	排斥外国、外地或本党派、本集团以外的人。
12	外来*	wàilái	形	从外地、外族或外国来的，非固有的。

13	信息量	xìnxīliàng	名	信息的总量。
14	层次	céngcì	名	同一事物由于大小、高低等不同而形成的区别。
15	抬举	táiju	动	看重某人而加以称赞或提拔。
16	氛围*	fēnwéi	名	周围的气氛和情调。
17	宽容*	kuānróng	动	宽大有气量，不计较或追究。
18	约束*	yuēshù	动	限制使不越出范围。

注释

外来的和尚好念经：俗语，比喻从外面来的人或物受到重视，被认为有才能或更好。有讽刺意味。

被采访作家介绍

1. 张宇，男，河南省洛宁县人。曾任《莽原》杂志社主编，作家。作品有长篇小说《黑槐树》等。
2. 邱华栋，男，当代作家。曾任《青年文学》杂志执行主编。中国作家协会会员。作品有长篇小说《夜晚的诺言》等。

听力练习

一 听第一遍录音，选择正确答案

2-9

1. 记者到郑州后的第一印象是_____。
   A. 包容　　　　　　　　　　　B. 萧条

2. 郑州是个_____城市。
   A. 内陆移民　　　　　　　　　B. 海外移民

3. 郑州人对外地人都很_____。
   A. 排斥　　　　　　　　　　　B. 客气

4. 北京最大的优点是_____。
   A. 信息量大　　　　　　　　　B. 包容性强

第 2 课　五位作家的城市观

5. 作家邱华栋不离开北京的原因是_____。
   A. 被人抬举　　　　　　　　B. 有一帮朋友

二　听第二遍录音，判断对错

1. 什么样身份的人都能在郑州平静地生活。　　　　　　　　　　（　　）
2. 郑州人喜欢听和尚念经。　　　　　　　　　　　　　　　　　（　　）
3. 北京能获取大量信息，特别适合精神文化方面的创作。　　　　（　　）
4. 作家的德国朋友喜欢北京。　　　　　　　　　　　　　　　　（　　）

三　听第三遍录音，分别用五个词语形容郑州和北京

1. 郑州：_____
2. 北京：_____

口语练习

一　根据课文内容回答问题

1. 为什么说郑州能"藏住人"？
2. 为什么说"在北京特别适合进行精神文化方面的创作"？

二　用所给词语完成句子

1. **况且**

   例 如果换在小城市，人的名气没有多大，但善意或者不那么善意的麻烦却会找上门来，况且讯息也相对闭塞。

   （1）走上坡路格外累，况且_____。

   （2）现在雾大，你开车要小心，况且_____。

   （3）人都难免犯错误，况且_____。

   （4）_____，况且坐高铁比坐飞机更舒适。

（5）_____，况且网络上的事情并没有那么简单。

（6）_____，况且_____。

2. 相比之下

   例 那儿的人把外国人看得太高，他总觉得处处被人抬举着，相比之下，北京的氛围更加宽容更加随意，让人感觉舒服自在，没什么约束。

   （1）在中国，一般来说，北方人个子比较高，性格也比较豪爽，相比之下，南方人_____。

   （2）我不太喜欢吃川菜，相比之下，_____。

   （3）近年来，我国包装工业发展很快，相比之下，制造行业却_____ _____。

   （4）_____，相比之下，书店、书摊儿就显得很冷清。

   （5）_____，相比之下，现在的年轻人更喜欢旅行结婚。

   （6）_____，相比之下，_____。

三 用自己的话说说例句中加点部分的意思

1. 我们到了郑州，发现这座城市有着省会城市不该有的萧条。

2. 如果换在小城市，人的名气没有多大，但善意或者不那么善意的麻烦却会找上门来，况且讯息也相对闭塞。

3. 这个城市极具包容性，是明显的不排外城市，郑州人对外地人都是很客气的，甚至有时会让人感觉外来的和尚好念经。

第 2 课　五位作家的城市观

综合练习

一　回顾本课内容，总结每个被采访人提到的城市特点

城市名	特点（关键词）
广州	
长沙	
武汉	
郑州	
北京	

二　交流与讨论

1. 谈一谈：你去过录音中提到的城市吗？如果去过，你是否同意这五位作家对这些城市的描述？能简单说说你对这些城市的印象吗？
2. 讨论："人文精神可谓城市的根与魂"，这种说法你同意吗？你认为一个城市的"人文精神"与哪些因素有关？请说明。

参考句式：
（1）"人文精神"包括……等方面/人文精神主要表现在……等方面
（2）从某种意义上说……/广义地来说……/狭义地来说……
（3）正如……所说……，人文精神是……
（4）它不仅涉及……还涉及……
（5）它的核心精神是指……

三 任务：介绍一座你认为最有魅力的城市

方式：个人或小组准备，向全班同学做5—8分钟的展示。可以使用图片、视频、音乐或PPT。其他同学打分。

具体步骤：

1. 词语句式准备（列出本课的词语、句式以及你准备的词语）。

推荐词语/句式	个人词汇表
衡量　看重　在……看来　相比之下 基本上　况且　相对　不难理解 如果……不要感到奇怪 跟……道理是一样的　挂在嘴边	

2. 思考：为什么这座城市最有魅力？至少说出三个理由。

3. 小组或个人报告，全班同学打分。

评分表				
报告人	城市名	城市特点	备注	评分 （满分为10）

第 3 课　中国怎么想

听力录音

课前热身

1. 在你们国家，最近出现了哪些流行词或流行语？请举例说明它们的意思。
2. 你知道哪些中国俗语名句？你知道哪些汉语流行语？请举例说明。
3. 看到下边这幅图，你能联想到什么？尽量多说一些。

第一部分

词语

3-1

1	随着	suízhe	介	用在句首或动词前面，表示动作、行为或事件的发生所依赖的条件。
2	人种	rénzhǒng	名	具有共同起源和共同遗传特征的人群。
3	血统*	xuètǒng	名	血缘形成的亲属关系。
4	少数民族	shǎoshù mínzú		在多民族组成的国家中，若该民族人口仅占全国人口极少数，则称为"少数民族"。
5	均	jūn	副	都；全。书面语。
6	涉及	shèjí	动	牵涉到，关联到。
7	遍布*	biànbù	动	分布到所有的地方，散布到每个地方。
8	海外	hǎiwài	名	国外（古人认为中国国土四面环海，故称海外）。
9	浅陋	qiǎnlòu	形	见识少。
10	印证	yìnzhèng	动	通过对照比较，证明与事实相符。

注释

1. 唐人：原指唐朝人。唐朝时期中国空前强盛，海外影响巨大，因此外国人称当时的中国人为唐人。唐朝覆亡后，由于其对于世界经济、文化的影响，外国人将中国人称为"唐人"的习惯一直没改变，宋元明清都是如此。直到目前，老一辈的华侨仍喜欢自称"唐人"。

2. ABC：American Born Chinese的缩写，美国土生土长的华人。最初意指出生在美国的华人。现在泛指海外华人移民的第二代、第三代子女。他们虽然也是黑头发黄皮肤，但不懂中文或者中文不好，说一口地道的美式英语。他们从小就受美国文化和教育的熏陶，其思维方式、价值观也是完全美国化的。

第 3 课　中国怎么想

听力练习

一　听第一遍录音，判断对错

1. 文中提到了两个问题：中国人怎么看世界，世界怎么看中国。（　　）
2. 《新周刊》选择了88句话来报道中国人对世界的真实看法。（　　）
3. 这些选出来的话表明中国人的想法仍然陈旧过时。（　　）

二　听第二遍录音，选择正确答案

1. 录音中提到了以下哪项内容？
   A. 2019年《新周刊》的文章　　B. 中国各民族的服饰
   C. 中国人有哪些具体的想法　　D. 中国人现在的想法与以前不同

2. 以下选项哪个是正确的？
   A. 有些浅陋过时的想法仍然存在于中国人的脑海中
   B. 文章介绍了外国人怎么看中国
   C. 中国的发展速度很慢
   D. 之后的文章里将会介绍十句话

三　根据录音选择合适的词语

1. 随着中国的_____，有两个问题对世界越来越重要：中国人_____？中国人_____？

2. 不看不知道，_____——有些浅陋过时的想法仍_____地存在于国人的脑海中，有些想法则_____了中国的进步。

口语练习

一　用所给词语改写句子并读一读

1. 均

   例 在人种概念上，只要具有中华民族血统的人，包括汉语及各少数民族，都可称为Chinese。

→ 在人种概念上，只要具有中华民族血统的人，包括汉族及各少数民族，均可称为Chinese。

（1）两个国家的领导都出席了这次会议。
_____

（2）北京的各所中学和小学的学生都参加了这次活动。
_____

（3）这次送去检验的产品都没有达到标准。
_____

2. 印证

例 有些想法证明了中国的进步。
→ 有些想法印证了中国的进步。

（1）听说背诵课文可以提高汉语水平，我尝试了一个学期，果然是这样的。
_____

（2）"不如意事常八九"，人总是难免遇到一些挫折或者不顺利的事情，但没关系，不如意的事总会过去的。
_____
_____

（3）我之前就听朋友介绍说她这个人很好相处，认识以后发现果然是这样，现在我们也成了很好的朋友。
_____
_____

第 3 课　中国怎么想

二　用所给句式完成句子或对话

1. 随着……，……越来越……

   例 随着中国的崛起，有两个问题对世界越来越重要。

   （1）_____（网络），现在出国以后和家人的联系_____。

   （2）_____（高铁），我发现现在有很多人都选择周末出去旅行。

   （3）随着_____，越来越多的野生动物_____。

   （4）随着_____，人类对地球资源的需要_____。

   （5）随着多媒体技术的发展，_____。

   （6）随着_____，_____。

2. 不……不知道……

   例 不看不知道，一看吓一跳——有些浅陋过时的想法仍顽固地存在于国人的脑海中，有些想法则印证了中国的进步。

   （1）甲：你上周末去张家界玩儿得怎么样？

   乙：_____

   （2）甲：听说昨天你们去为杰克参加"十佳歌手"的比赛加油了，他唱得怎么样？

   乙：_____

39

（3）甲：_____

乙：_____

三 用参考句式谈一谈以下话题

1. 教育（学校、家庭、知识技能……）
2. 财富（精神、物质、人生经历……）
3. 健康（不生病、良好的身体、适应能力、心理、亚健康……）
4. 文化（传统、观念、思想、风俗习惯……）

参考句式：
1. 不局限于……
2. 不仅仅是……
3. 涉及……
4. ……或……
5. 指的是……
6. 还包括……
7. ……则……

第二部分

词语

3-4

1	一度	yídù	副	过去的一段时间。
2	问世	wènshì	动	著作物出版或新产品推出。
3	载	zǎi	量	年。
4	情愫	qíngsù	名	内心的真情。
5	养育	yǎngyù	动	抚养教育。
6	盼头	pàntou	名	指可以盼望的目标；希望，指望。

7	寒暄	hánxuān	动	问寒问暖。
8	家务	jiāwù	名	家庭日常生活事务。
9	过气	guò qì		过了最流行的时间，失去了原有的人气。
10	自由自在	zìyóu-zìzài		形容没有约束，十分安闲随意。
11	天地	tiāndì	名	比喻人们活动的范围。
12	体验*	tǐyàn	动	亲身经历，体会、感受。
13	宅	zhái	动	待在家里不出门。
14	弱势	ruòshì	名	弱小的势力。
15	借助	jièzhù	动	靠别的人或事物的帮助。
16	崇拜	chóngbài	动	尊敬，敬佩。
17	追捧	zhuīpěng	动	追逐捧场。
18	流星*	liúxīng	名	夜晚快速飞越天空的辉亮星体；meteor。
19	草根*	cǎogēn	名	指同主流、精英文化或精英阶层相对应的弱势阶层；grass roots。
20	个案	gè'àn	名	个别的、特殊的案件或事例。
21	冠*	guàn	动	在前面加上某种名号或文字。
22	伴奏	bànzòu	动	为歌舞、表演或某种乐器奏乐配合。
23	展现	zhǎnxiàn	动	显示出，展示。

注 释

1. 四世同堂：一个家族中四个辈分（祖辈至曾孙辈）的人在一起生活。
2. 家和万事兴：家庭和睦就能万事兴旺。
3. 新新人类：指"新潮""年轻""不同于旧时代"的人们。现在常用来指在生活态度上标榜自我及反传统的个人或群体，其特色比新人类更甚。
4. 《超级女声》：湖南卫视推出的女性歌唱类娱乐选秀节目。系列节目包括：《2004超级女声》《2005超级女声》《2006超级女声》《2016超级女声》。这个节目播出以后，中国多家电视台推出了许多相同类型的选秀节目，如《快乐男声》《快乐女声》《梦想中国》《中国达人秀》《中国好声音》等。

听力练习

一 听力热身

1. 说一说：你听过中国歌曲吗？你会唱吗？
2. 谈一谈：听《常回家看看》和《想唱就唱》这两首歌曲，谈一谈你对这两首歌的印象。

二 听第一遍录音，选择正确答案

1. 选择说法正确的一项。
   A. "常回家看看"曾经是一句很多留学生都知道的话
   B. 这首歌是十多年前开始流行的
   C. 很多中国人都常常回家，所以这首歌很流行
   D. 是"新新人类"必学的一首歌

2. 选择不符合课文内容的一项。
   A.《想唱就唱》这首歌可能和电视选秀节目有关
   B. 郭德纲和易中天可能都是通过电视平台从普通人成为明星的
   C.《超级女声》已经举办五年了
   D. 参加选秀节目有可能实现明星梦

三 听第二遍录音，选择正确答案

1. 以下哪一项不符合人们对"新新人类"的描述？
   A. 父母期望"新新人类"常回家看看的愿望可能不太容易实现
   B."新新人类"的幸福观和上一辈人一样
   C."新新人类"喜欢自由自在的生活
   D."新新人类"重视个人体验，喜欢上网购物，常宅在房间里

2. 下面哪一项不符合课文中提到的"推开夜的天窗，对流星说愿望"的意思？
   A. 参加电视选秀节目是一种实现明星梦的方式
   B. 这个愿望指是普通女孩儿能够成为明星
   C. 说明这个愿望比以前容易实现了
   D. 说明这个愿望太难实现了

第3课　中国怎么想

四　听第三遍录音，根据录音选择合适的词语

3-6

1. 家庭是最有活力的社会_____，中国人非常重视家庭关系。曾有美国总统_____中国的医疗、教育、养老等社会_____都由家庭_____。

2. 中国人_____的幸福观是子孙绕膝，_____同堂，合家团圆，_____万事兴。

3. 常回家看看，人们渴望的是家的那种_____，熟悉的情景，彼此的_____。在家里，孩子们可以帮父母做做_____、吃顿妈妈做的好饭、听长辈们说说_____的事儿。

4. 2005_____《超级女声》成为大众文化_____值得关注的文化_____。

5. 《超级女声》这档节目使得社会中处于_____地位又热爱音乐的女孩子们借助电视_____被人崇拜和追捧。

6. 我们看到了一批从_____到_____的个案，他们让中国普通民众看到了一种全新的自由表达、_____自我价值的方式。

口语练习

一　用所给词语或句式改写句子或造句并读一读

1. **一度**

   例　有一段时间，"常回家看看"是老外必学的一句中国话。
   → "常回家看看"一度是老外必学的一句中国话。

   （1）我曾经在法国待过一段时间，当时法语说得很流利。

   _____

   （2）我上高中的时候曾经故意不听父母的话，什么事情都和他们"唱反调"。

   _____

   （3）我曾经特别热衷于减肥，为了有个好身材，我很长时间都没有吃晚餐。

   _____

43

（4）_____

2. 被冠以……（的称号）

例 我们看到一批从草根到明星的个案，如把郭德纲叫作"相声超男"、把易中天叫作"学术超男"。
→ 我们看到了一批从草根到明星的个案，如郭德纲被冠以"相声超男"、易中天被冠以"学术超男"。

（1）他是一位很出色的哲学老师，人也很帅，所以在他们学校有"哲学王子"的称号。
_____
_____

（2）她知道许多关于植物的知识，大家都叫她"植物百科全书"。
_____

（3）她在宿舍里非常勤劳，而且很热心，室友都说她是"中国好室友"。
_____

（4）_____
_____

二 用"之所以……是因为……"回答问题

1. 为什么很多人喜欢唱歌？
_____

2. 现代人为什么沉迷于手机？
_____

3. 水资源为什么越来越缺贫乏？
_____

4. 产生雾霾的原因是什么？
_____

第3课　中国怎么想

三　仿照例子，用加点词语谈一谈以下话题

例 1. 对她们来说，成为明星不再是深夜"推开夜的天窗，对流星说愿望"那般遥不可及了。
2. 他们让中国普通民众看到了一种全新的自由表达、展现自我价值的方式。

话题：
1. 互联网的发展
2. 互助式养老
3. 视频会议
4. 远程教学

四　交流与讨论：谈一谈你对下面两句话的理解，结合你自己国家的情况谈一谈你的看法

1. 老一辈人对下一辈人的期望存在心理落差。
2. 从草根到明星，不再是"推开夜的天窗，对流星说愿望"。

第三部分

词语

3-7

1	创业*	chuàngyè	动	创办事业。
2	就业	jiù yè		得到工作机会，参加工作。
3	路径*	lùjìng	名	做事的门路、方法。
4	地盘	dìpán	名	受某人或某集团控制的地区或势力范围。
5	得失	déshī	名	所得和所失，成功和失败。
6	期待	qīdài	动	期望，等待。
7	附庸	fùyōng	名	泛指依附于其他事物而存在的事物。
8	除非	chúfēi	连	表示唯一的条件，相当于"只有"，常跟"才、否则、不然"等合用。
9	熬	áo	动	忍受，努力坚持。

10	束缚	shùfù	动	捆绑，指约束限制。
11	轻微	qīngwēi	形	数量少而程度浅的。
12	机遇	jīyù	名	机会，有利的境遇。
13	无视*	wúshì	动	不放在眼里，根本不考虑。
14	拘泥	jūnì	动	固执于个人的想法而不知变通。
15	愿景	yuànjǐng	名	所向往的前景。
16	突显	tūxiǎn	动	突出地显露。
17	断裂	duànliè	动	断开，分裂。
18	族群	zúqún	名	指由共同因素构成的社会文化群体。
19	致富	zhìfù	动	实现富裕。
20	跨国公司	kuàguó-gōngsī		由在两个或多个国家的经营实体组成的国际性公司。
21	热衷	rèzhōng	动	十分爱好某种活动。
22	休闲	xiūxián	动	闲着，过清闲生活。
23	品位*	pǐnwèi	名	品质和价值。
24	享乐	xiǎnglè	动	享受安乐。
25	中坚	zhōngjiān	名	在集体中起较大作用的成分。
26	莫大	mòdà	形	最大，没有比这更大。
27	奴	nú	名	称失去某种自由的人，本文特指为了偿还贷款而不得不辛苦劳作的人。

注 释

1. 宁做鸡头，不做凤尾：比喻宁愿做某一平凡行业的领头者，也不愿意做一个领头行业的平凡者。

2. 印刻效应：第一印象一旦形成，在头脑中被"印刻"下来，以后就很难改变，哪怕这个第一印象是错误的，即"承认第一，无视第二"。这一现象最早由德国行为学家海因罗特（Heinroth，1871—1945）发现。

3. 三十而立：出自《论语》"吾十有五而志于学，三十而立"。意思是人在三十岁左右要有所成就或自立。

4. 雅皮士：指西方国家中年轻能干、有上进心的一类人，他们一般受过高等教育，具有较高的知识水平和技能。

5. 五子登科：宋代窦禹钧的五个儿子相继获取功名，故称五子登科的"子"，后来成为民间流行的祝福语，寄托了一般人家期望孩子们都能成才的愿望。当今的"新五子登科"是取房子、车子、儿子、票子、帽子中的同音字"子"，其中的"票子"指收入，"帽子"指职位，拥有这些，被很多人认为是人生成功和表现。

听力练习

一 听力热身

下面这两句话你听说过吗？猜一猜它们是什么意思。
1. 宁做鸡头，不做凤尾
2. 三十而立

二 听第一遍录音，选择正确答案

1. 下面哪一项和"鸡头"有关？
   A. 暂时是凤头的附庸
   B. 背靠大树好乘凉
   C. 可以"我的地盘听我的"
   D. 输赢得失都由别人决定

2. 下面哪一项不属于"三十岁族群"可能会面临的情况？
   A. 三大件   B. 新五子登科
   C. 三十而负   D. 成为房奴、车奴、卡奴

三 听第二遍录音，选择正确答案

1. 下面哪一项和"鸡头"有关？
   A. 有自由和长期风险，责任重大
   B. 有束缚但长期稳定，责任轻微
   C. 能去大城市的大公司就不去小城市的小公司
   D. 能去大城市的小公司就不去小城市的大公司

2. 下面哪一项不属于西方媒体对"三十而富"族群的印象？
   A. 他们是依靠中国崛起而迅速致富的年轻人
   B. 他们或在跨国公司担任管理工作，或自主创立新经济公司
   C. 他们已经成为中国大城市休闲消费的中坚力量
   D. 他们感到了莫大的压力，成为房奴、车奴和卡奴

四 听第三遍录音，根据录音选择合适的词语

1. ＿＿＿＿还是＿＿＿＿，就是做鸡头还是做凤尾式的选择题。其实这是一个选择＿＿＿＿路径的问题。

2. 德国行为学家海因罗特也发现了心理学和行为学上的"印刻效应"：＿＿＿＿第一，＿＿＿＿第二。

3. 从"三十而立"到"三十而富"，这一字之差＿＿＿＿了传统和现代＿＿＿＿中中国新富人群渴望过新生活的＿＿＿＿社会心态。

4. 他们或在跨国公司担任管理工作，或自主创立新经济公司，他们有房有车，＿＿＿＿休闲生活，＿＿＿＿品位，及时享乐，他们已经成为中国大城市休闲消费的＿＿＿＿力量。

5. "三十岁＿＿＿＿"感到了＿＿＿＿的压力，"三十而富"的愿望很可能转变为"三十而＿＿＿＿"的现实，成为房奴、车奴和卡奴。

口语练习

一 用所给词语完成句子

除非

例 凤尾暂时是凤头的附庸，背靠大树好乘凉，但输赢得失都由别人决定，除非自己有一天熬成了凤头。

1. 今天天气不好，我不想出门，除非＿＿＿＿＿＿＿＿＿＿＿＿＿＿＿＿＿＿。

2. 不要随便买便宜货，除非＿＿＿＿＿＿＿＿＿＿＿＿＿＿＿＿＿＿＿＿＿。

第 3 课　中国怎么想

3. 不要一毕业就创业，除非_____。

4. 若要人不知，除非_____。

5. _____，除非_____。

二　解释下列俗语名句的意思，分别谈谈你的看法

1. 宁做鸡头，不做凤尾
2. 背靠大树好乘凉
3. 五子登科

三　用"此一时彼一时"完成对话

1. 甲：你不是说你不考公务员吗，怎么又改主意了？

   乙：_____，我以前不想考公务员是觉得自己不适合按部就班的工作，不过我现在_____。

2. 甲：你以前不是说你不吃中药的吗，怎么现在跑去看中医了？

   乙：_____，自从我对中医有了一些了解之后，_____
   _____。

3. 甲：这家餐厅好像不允许外带食品。

   乙：_____，_____。

4. 甲：_____

   乙：_____，_____。

四　读下面的句子，谈谈你的理解

　　子曰："吾十有五而志于学，三十而立，四十而不惑，五十而知天命，六十而耳顺，七十而从心所欲，不逾矩。"

（出自《论语·为政第二》）

【译文】 先生说:"我十五岁时,始有志于学。到三十岁,能坚定自立了。到四十岁,我对一切道理,能通达不再有疑惑。到五十岁,我能知道什么是天命了。到六十岁,凡我一切听到的,都能明白贯通,不再感到于心有违逆。到七十岁,我只放任我心所欲,也不会有逾超越规矩法度之处了。"

(译文选自钱穆《论语新解》)

五 根据话题谈一谈你的看法

1. 鸡头、凤尾、凤头分别指什么?你会选择哪一种?
2. "三十而负"是怎么造成的?在你们国家,年轻人也存在同样的问题吗?
3. 你对中国年轻人的现状有什么了解?请举例说明。

综合练习

一 在本课所提到的四句话当中,你印象最深刻的是哪一句?为什么?

1. 常回家看看
2. 想唱就唱
3. 宁做鸡头,不做凤尾
4. 三十而富

二 课外小调查:问问你身边的人,他们的幸福观是怎样的

调查时间	姓名	国籍	年龄	幸福观

小结:

三 小演讲：我所了解的中国人

可以从以下几个方面进行阐述：
1. 你了解的社会现象所反映的中国人的普遍心态是什么？
2. 你了解的中国人个人发展的目标及实现目标的方式是什么？
3. 从你了解的中国人的家庭观念来谈谈你对中国人的印象。
4. 对比一下你的国家，谈谈你们的国民文化与中国有何不同。

要求：
1. 每人3—5分钟；
2. 尽可能多地用上本课的词语和句式。

参考词语：

一度　伦理　传统　幸福观　氛围　寒暄　宅　明星　草根　崇拜　个案
除非　无视　自主　品位　享乐　热衷　休闲　城市化　全球化
三十而立　中坚力量

参考句式和短语：
1. 随着
2. 之所以……是因为……
3. 不再是
4. 看到了……的可能……
5. 宁可……也不……
6. 四世同堂
7. 合家团圆
8. 家和万事兴

四 小辩论（选做题）

1. 大学生就业应该选择"大城床"还是"小城房"？
2. "选秀节目"对青少年的影响是否利大于弊？

要求：
1. 尽可能多地使用本课词语和句式；
2. 备用补充词语：

制度　平台　平民　梦想　明星　偶像　攀比　浮躁　警惕　欲望
表达　渗透　侥幸　传统　权威　体系　资源　传播　关注　打破

意味着　单一性　吸引眼球　与……相比　路径

注：你可以了解一下附1文中对于2018年出现的一档女生选秀节目的介绍。

附1：

《创造101》：后选秀时代的大众审美狂欢（节选）

相比2005年的"超女"，《创造101》的制片人都艳认为，当下已经进入了一个"后选秀时代"。

"2005年，'超女'的那个时候，很重要的一点是，打破了一个人要想站上舞台，必须要经过学院这个权威的体系、权威的制度，打破了这种路径的单一性，一下子让更多的平民有了实现自己梦想的机会。但是现在我们这些姑娘，她们本身已经处在娱乐圈的后备状态下，一些人已经在娱乐圈有了一定的名气和位置，她们的状态并不是纯粹的素人，而是介于素人和明星之间。"

"相比李宇春那一代，这一代女孩儿如果你说她们更清楚怎么做偶像这件事情，我觉得不见得，但是她们很清楚地知道，要做更好的自己。"

"她们有这样的一次登台机会，有这么庞大的平台资源和各种传播力量去让那么多人关注她们，我觉得这件事情对于她们的青春而言，已经是非常优厚的一笔财富了。"

（选自《三联生活周刊》2018年第26期）

附2：歌词

常回家看看

作词：车行　作曲：戚建波

原唱：陈红

找点儿空闲找点儿时间
领着孩子常回家看看
带上笑容带上祝愿
陪同爱人常回家看看
妈妈准备了一些唠叨
爸爸张罗了一桌好饭
生活的烦恼跟妈妈说说
工作的事情向爸爸谈谈

常回家看看回家看看
哪怕帮妈妈刷刷筷子洗洗碗
老人不图儿女为家做多大贡献呀
一辈子不容易就图个团团圆圆
常回家看看回家看看
哪怕给爸爸捶捶后背揉揉肩
老人不图儿女为家做多大贡献呀
一辈子总操心就奔个平平安安

第3课　中国怎么想

想唱就唱

2005年《超级女声》主题曲
作曲：陈超　作词：文雅
原唱：张含韵

推开夜的天窗　　　　　　　　催促我开放
对流星说愿望　　　　　　　　想唱就唱要唱得响亮
给我一双翅膀　　　　　　　　就算没人为我鼓掌
能够接近太阳　　　　　　　　至少我还能够勇敢地自我欣赏
我学着一个人成长　　　　　　想唱就唱要唱得漂亮
爱给我能量　　　　　　　　　就算这舞台多空旷
梦想是神奇的营养　　　　　　总有一天能看到挥舞的荧光棒

第 4 课

从"小大楼"说起

听力录音

课前热身

1. 认一认：以下三幅图分别是哪三座城市？你是否熟悉，有何印象？
2. 谈一谈：你最想居住的城市在哪里？为什么？
   提示：气候宜人　生活便利　交通发达　美食多样
   　　　人文景观　城市文化氛围

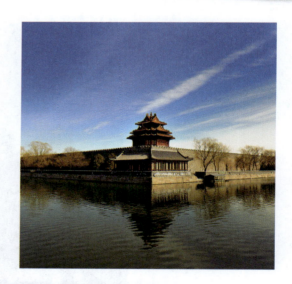

第4课　从"小大楼"说起

第一部分

 词语

4-1

1	一头雾水	yì tóu wùshuǐ		形容摸不着头脑，糊里糊涂。
2	林立	línlì	动	像树林一样密集地竖立着，形容很多。
3	市容	shìróng	名	城市的面貌，如街市、房屋、建筑、商店陈列等。
4	极为*	jíwéi	副	表示程度达到极点。
5	迥异*	jiǒngyì	形	大不相同。
6	所谓	suǒwèi	形	所说的。
7	动辄	dòngzhé	副	动不动就。书面语。
8	门面	ménmian	名	商店房屋沿街的部分；常用来比喻外表。
9	乍*	zhà	副	刚刚开始，起初；忽然，突然。
10	活像	huóxiàng	动	非常像。
11	火柴棍儿	huǒcháigùnr	名	火柴的另一种说法。
12	插	chā	动	长形或片状的东西放进、挤入或穿入别的东西里。
13	五花八门	wǔhuā-bāmén		比喻种类多，变化多。
14	特色	tèsè	名	事物表现出来的独特的风格、色彩等。
15	杞人忧天*	qǐrén-yōutiān	名	传说杞国有个人怕天塌下来，吃饭睡觉都感到不安，比喻不必要的忧虑。
16	询问	xúnwèn	动	征求意见；打听。
17	窄	zhǎi	形	横的距离小（跟"宽"相对）。
18	不以为然	bùyǐwéirán		不认为是对的，表示不同意（大多情况下有轻视的意思）。
19	纵横*	zònghéng	动	竖一道横一道，相互交错。
20	蹊跷	qīqiao	形	奇怪。
21	反倒	fǎndào	副	反而。
22	引发*	yǐnfā	动	引起，触发。

23	昂贵*	ángguì	形	价格很高。
24	寸土寸金*	cùntǔ-cùnjīn		比喻土地价格非常昂贵。
25	习以为常	xíyǐwéicháng		常做某件事情或常见某种现象，成了习惯，就觉得很平常了。
26	街道	jiēdào	名	旁边有房屋的比较宽阔的道路。
27	废墟	fèixū	名	城镇、街道或房屋遭破坏或灾害后变成荒芜的地方。
28	沧海桑田	cānghǎi-sāngtián		大海变成农田，农田变成大海，比喻世事变化很大。
29	感慨	gǎnkǎi	动	因为某些事物而引发情绪并发出叹息。
30	透过	tòuguò	动	通过。
31	依稀	yīxī	形	模模糊糊，不太清楚的样子。
32	仿佛	fǎngfú	副	似乎，好像。
33	分	fēn	量	土地面积单位，一分相当于一亩的十分之一，约等于66.7平方米。
34	水稻	shuǐdào	名	产大米的植物，种在水田里；rice paddy。
35	罕见*	hǎnjiàn	形	难得见到，很少见到。
37	打听	dǎting	动	探问。

专有名词

1	外滩	Wàitān	地名，上海一个有名的景点。
2	王府井	Wángfǔjǐng	地名，北京一个有名的商业区。
3	爱知世博会	Àizhī Shìbóhuì	2005年在日本爱知县举办的世博会。
4	明治	Míngzhì	日本天皇睦仁的年号（公元1868—1912年）。
5	高槻市	Gāoguī Shì	日本的一个市名。

第 4 课　从 "小大楼" 说起

听力练习

一　听第一遍录音，选择正确的答案

4-2

1. 说话人描述了哪里的市容？
   A. 东京　　　　　　　　　　B. 北京

2. 什么是 "小大楼"？
   A. 又窄又高的楼　　　　　　B. 又矮又宽的楼

3. 文中提到中国什么地方寸土寸金？
   A. 北京王府井、上海外滩　　B. 北京三里屯、上海徐家汇

二　听第二遍录音，判断对错

4-2

1. 作者觉得东京的市容很特别。（　　）
2. 日本人觉得 "小大楼" 很特别。（　　）
3. 因为地价很贵，中国也有很多 "小大楼"。（　　）

三　听录音，把你听到的成语写下来并造句

4-3

例（沧海桑田）近十年间，这里已是沧海桑田，物是人非。

1. （　　　　　）_____
2. （　　　　　）_____
3. （　　　　　）_____
4. （　　　　　）_____
5. （　　　　　）_____

四　根据录音选择合适的词语

4-4

　　那里有很多 "小大楼"，同样是高楼_____（树立/林立）的大都市，东京的_____（市容/容貌）风格与其他地方相比极为_____（迥异/异常）。所谓的 "小大楼"，就是小小的大楼，说它小吧，动辄就是十好几层

57

高；说它大吧，往往门面只有三四米宽，乍一看活像根火柴棍儿插在地上，设计倒是五花八门、各有_____（特色/特点）。

口语练习

一 根据要求，完成练习

1. 画一座你心中的"小大楼"，然后给大家介绍你的设计。
2. 有人说日本会出现这么多"小大楼"，是因为地价很贵，你同意这种说法吗？如果你不同意，那么你认为真正的原因是什么呢？
3. 你见过的最有特色的大楼在哪里？是什么样的？

二 用所给词语或句式完成对话或造句

1. **所谓（的）……**

   例 所谓的"小大楼"，就是小小的大楼。

   （1）所谓"黄金地段"，就是_____。

   （2）普通中国人所谓的"衣食住行"，即_____。

   （3）所谓自由，就是_____。

   你设计的句子：
   _____
   _____

2. **说……吧，……，说……吧，……**

   例 说它小吧，动辄就是十好几层高；说它大吧，往往门面只有三四米宽。

   （1）小李：安妮，汉语听说课很容易吧？

   　　安妮：_____。（句子　内容）

第4课　从"小大楼"说起

（2）小李：小张，新疆的天气还好吧？

　　小张：_____

　　_____（风沙　晴朗）

（3）小李：这本小说好看吗？

　　小张：_____

　　_____（枯燥 kūzào　幽默）

（4）小李：山田，你觉得我们中国的火锅好吃吗？

　　山田：_____

　　_____（奇怪　美妙）

你设计的句子：

甲：_____

乙：_____

3. 动辄

例　说它小吧，动辄就是十好几层高。

（1）这个牌子的东西价格不菲，_____。（四五十万）

（2）他很能写，_____。（几十万字）

（3）他脾气很坏，_____。（大吼大叫）

（4）现在人们普遍认为去医院看病很贵，治个感冒_____

　　_____。（几百上千）

你设计的句子：

_____

59

4. 反倒

例 他们从来没觉得有什么蹊跷,被我一追问,反倒引发了他们的好奇。

(1)老师表扬小李,他没有笑_____。

(2)他说这些话本来是想安慰我的,_____。

(3)已经是深秋了,北京的温度_____。

你设计的句子:
_____

三 分享:介绍一种你印象深刻的建筑

提示:
1. 它高／长／宽……
2. 它给人一种……的感觉(雄伟、壮观、大气……)
3. 风格(新颖、独特、另类……)
4. 与其他……相比,它显得……

四 看图说话

(图一)

(图二)

第4课　从"小大楼"说起

（图三）

（图四）

　　图一和图二是北京大学南门不同时期的照片，图三和图四是上海和深圳的今昔对比图。请对比它们的不同并谈谈你的感受。或者结合自己的见闻，谈谈你所熟悉的某个地方的变化。

提示词语和句式：

1. 从……至……
2. 从那时的……，再到今天的……
3. 沧海桑田
4. 最让人感慨的是……
5. 迄今为止

第二部分

词语

4-5

1	嘉宾	jiābīn	名	尊贵的客人。一般指受到邀请在广播、电视节目、正式会议或某些仪式中作为重要客人出场的人。
2	播放	bōfàng	动	播放电影、电视节目等。

3	展开	zhǎnkāi	动	大规模地进行。
4	建设	jiànshè	动	创建事业或增添设施。
5	抛砖引玉*	pāozhuān-yǐnyù		谦辞。比喻用粗浅的、不成熟的意见引出别人高明的、成熟的意见。
6	存在	cúnzài	动	事物持续地占据着时间和空间；实际上有，还没有消失；exist。
7	闹市区	nàoshìqū		人流量大、市面繁荣的街区。
8	诗意	shīyì	名	像诗里表达的那样给人以美感的意境。
9	未来	wèilái	名	将来。
10	生态*	shēngtài	名	指生物在一定的自然环境下生存和发展的状态，也指生物的生理特性和生活习性；ecology。
11	类似	lèisì	动	差不多，大致相似。
12	主干道	zhǔgàndào	名	通常指一座城市中最宽的，往往贯穿整座城市，而且能作为一个城市的标志性道路；main road。
13	正中央	zhèngzhōngyāng		中间，中心的地方；midpoint
14	黄金地段	huángjīn dìduàn		很值钱的地方，这里指一个城市比较繁华的地区；golden zone。
15	陈旧*	chénjiù	形	时间久的，过时的。
16	消防	xiāofáng	动	灭火和防火。
17	估计	gūjì	动	对事情做大致的推断。
18	不可思议	bùkě-sīyì		无法想象，不可理解，出乎常情。
19	隐患	yǐnhuàn	名	可能发生的危险。
20	考虑	kǎolǜ	动	思考问题，以便做出决定。
21	拆除*	chāichú	动	拆掉（建筑物等）。
22	点染	diǎnrǎn	动	绘画时点缀景物和着色，也比喻修饰文字。
23	确实	quèshí	副	真正；实在。
24	值得	zhídé	动	这样去做有好的结果；有价值，有意义。
25	发扬	fāyáng	动	宣扬和提倡。
26	治理	zhìlǐ	动	管理，改造。

| 27 | 目的 | mùdì | 名 | 想要达到的结果。 |
| 28 | 保持 | bǎochí | 动 | 维持(原状)，使不消失或减弱。 |

听力练习

一 听第一遍录音，判断对错

4-6

1. 电视台拍了一个短片叫《今日趣谈》。　　　　　　　　　　　　　　（　　）
2. 只有日本才有"小大楼"。　　　　　　　　　　　　　　　　　　　（　　）
3. 视频里的闹市区存在一片稻田，看起来非常诗意。　　　　　　　　　（　　）
4. 小大楼一般建在主干道旁边。　　　　　　　　　　　　　　　　　　（　　）
5. 一些陈旧的街道，消防车都难以通行，有安全隐患。　　　　　　　　（　　）

二 根据录音选择合适的词语

4-7

男嘉宾：我来_____。"小大楼"不仅在东京，在很多城市都_____，不过我倒没太注意到_____的稻田。看了刚才的短片后，我觉得，在_____的城市里能看到_____的情景，倒是充满了_____。我想，这也许可以成为未来城市_____的一个新方向吧。

三 根据录音选择合适的词语

4-8

女嘉宾：我在台北_____（旅游/旅行）的时候，看过_____（类似/相似）的"小大楼"，有的楼甚至建在主干道的正中央，看起来挺_____（危险/危机）的。而且我还发现，他们旧城区的黄金地段存在一些又窄又_____（陈旧/破旧）的街道，消防车_____（估计/估量）都很难通行。有位当地的朋友告诉我，这些楼和街道在他小的时候就有了，六七十年都没变过，我觉得挺_____（不可思议/不可理解）的。在我看来，这些楼存在非常严重的安全隐患，对人对己都不好。考虑到公共安全、公众利益，是不是应该_____（拆迁/拆除）比较好？

主持人：是的，让稻田点染城市的诗意的做法确实值得_____（发表/

发扬），窄小陈旧的街道所存留的隐患也确实需要_____（管理/治理），这都是为了一个_____（目标/目的）：保持城市生态的安全与美好。

口语练习

一 仿造例句，用加点的字将句子补充完整

1. **有所**

例 不知道二位嘉宾对这种"小大楼"是否有所了解？

（1）在北京大学语言班进修半年之后，他的汉语能力有所_____。

（2）随着口罩产量的增加，价格也有所_____。

（3）近年来恐怖事件数量虽有所_____，但人们还是不敢前往那个地区。

2. **估计**

例 他们旧城区的黄金地段存在一些又窄又陈旧的街道，消防车估计都很难通行。

（1）专家估计这次地震的起因很可能是_____。

（2）保险公司估计，_____。

（3）据估计，_____。

3. **在……看来**

例 在我看来，这些楼存在非常严重的安全隐患，对人对己都不好。

（1）在我看来，他不但有才能，_____。

（2）在你看来，无条件的爱是高尚的，可在对方看来，_____。

（3）在中国人看来，_____。

第 4 课　从"小大楼"说起

二　交流与讨论

你怎么理解"城市生态环境"？谈谈你所在的城市的生态环境。

要点提示：

1. 城市气候

　　气温　阳光　风力　湿度　能见度

2. 城市环境

　　社会环境（经济、政治、文化、人口等）/自然环境（地质、建筑、水文、气候，动植物、土壤等）

3. 城市功能

　　即一个城市在一个国家或者某一地区中所发挥的诸如政治、经济、文化等方面的作用。

　　政治中心　经济中心　文化中心　交通枢纽

第三部分

词语

4-9

1	搜	sōu	动	仔细寻找；通过输入关键词等，在电子设备上查找有关信息。
2	令人瞩目	lìng rén zhǔmù		引起人的注意，多用于表现特别出色或特殊的人物、事件。
3	成就	chéngjiù	名	事业上的成绩。
4	强调	qiángdiào	动	特别着重或着重提出。
5	余	yú	名	指某种事情、情况以外或以后的时间。
6	直观	zhíguān	形	用感官直接接受的；直接观察的。
7	体现	tǐxiàn	动	某种性质或现象通过某一事物具体表现出来。
8	丧失	sàngshī	动	失去。
9	放眼	fàngyǎn	动	放开眼界（观看）。
10	保留	bǎoliú	动	保存不变。

65

11	基于	jīyú	介	根据。
12	品质	pǐnzhì	名	指人的行为和作风所表现的思想、认识、品性等的本质。
13	参考	cānkǎo	动	在处理事务时借鉴、利用有关材料。
14	粘连	zhānlián	动	比喻联系、牵连。
15	胶水	jiāoshuǐ	名	液态的胶，用于粘东西。
16	的确	díquè	副	完全确实；实在。
17	蕴含	yùnhán	动	包含。
18	元素	yuánsù	名	事物必须具有的实质或本质、组成部分。
19	规划	guīhuà	名	比较全面的长远的发展计划。
20	公众号	gōngzhònghào	名	微信用户在微信公众平台上申请的应用账号，可以实现和特定群体的文字、图片、语音、视频的全方位沟通、互动；WeChat Official Account。
21	标题	biāotí	名	标明文章、作品等内容的简短语句。
22	面积	miànjī	名	平面或物体表面的大小。
23	榜样	bǎngyàng	名	值得学习的人或事例。
24	视频	shìpín	名	录像、影像；video。
25	夸张	kuāzhāng	形	夸大；言过其实。
26	迅速	xùnsù	形	速度高，非常快。
27	型	xíng		类型，具有某种共同特征的种类。
28	案例	ànlì	名	有记录的事件、例证。
29	密集	mìjí	动	数量很多地聚集在一处。
30	植被	zhíbèi	名	覆盖地面上、有一定密度的许多植物的总和。
31	广度	guǎngdù	名	事物广狭的程度。
32	持续	chíxù	动	延续不断。
33	阶梯	jiētī	名	台阶和梯子。
34	垂直	chuízhí	动	与水平面成直角。
35	因素	yīnsù	名	构成事物本质的成分或决定事物成败的原因或条件。

36	悠闲	yōuxián	形	闲适自得。
37	番	fān	量	回，次，遍。
38	从容	cóngróng	形	不慌不忙；镇静；沉着。
39	揭晓	jiēxiǎo	动	公布（事情的结果）。

注 释

1. 维克多·多佛：美国多佛、科尔与伙伴事务所的创始人之一，该事务所专注于重塑健康社区的领域。他曾担任新城市主义协会（CNU）的美国委员会主席，也曾担任美国和其他国家150多个社区、城市复兴项目和地区规划的首席设计师。
2. 国家地理中文网：是《华夏地理》杂志与美国国家地理版权合作的科技人文线上平台，美国国家地理中文网包括了生物与环境、历史与文化、旅游与探险等众多极具特色的专题栏目，以影像和视频的呈现方式，倚靠雄厚的科技人文资源，深度发掘全球文化，在多元化的差异中展现真实的文化底蕴。

听力练习

一 听第一遍录音，判断对错

1. 男嘉宾读了一篇他自己写的文章。　　　　　　　　　　　　（　　）
2. 中国城市在近几十年的现代化建设中取得了很大的成就。　　（　　）
3. 伦敦被称为"花园城市"。　　　　　　　　　　　　　　　（　　）

二 听第二遍录音，把你听到的词语写下来并造句

1. 在_____现代工商业发展之余，不够重视城市作为市民定居场所与生活环境的一面。

（1）_____。

（2）_____。

2. 新加坡被称为"花园城市"一点儿都不_____。

　　（1）_____。

　　（2）_____。

3. 看了这个短片，不知观众们有什么_____？

　　（1）_____。

　　（2）_____。

4. 据说人们早晨醒来就可以悠闲地泡在海水里享受一番，随后换上地铁就能按时上班，十分_____。

　　（1）_____。

　　（2）_____。

三　根据录音选择合适的词语

4-12

1. 中国城市在近几十年的现代化建设中取得了令人瞩目的_____，但在强调现代工商业发展之余，_____城市作为市民定居场所与生活环境的一面，直观体现之一便是街道空间的_____。

2. _____世界，欧洲城市在现代化过程中还较好地_____了一种基于街道公共空间的生活方式，这_____欧洲文化传统中的市民文化与城市精神，在这样的基础上发展而来的市民城市的街道品质，能够为国内城市设计提供很好的_____。

第 4 课　从"小大楼"说起

口语练习

一　回答问题

1. 男嘉宾读的文章主要表达了什么？
2. 男嘉宾十分喜欢的那句话是什么？
3. 女嘉宾是否赞同男嘉宾的观点？她是怎么说的？

二　仿照例句，用所给词语或句式完成句子

1. 在……之余

例　在强调现代工商业发展之余，不够重视城市作为市民定居场所与生活环境的一面。

（1）他是个大忙人，常常出差。_____，_____。

（2）得了冠军，大家都兴奋极了。_____，_____。

（3）这位作家十分喜欢登山。_____。

（4）人们在紧张的工作之余，_____。

2. 的确

例　城市建设背后的确蕴含着十分丰富的历史和文化元素。

（1）都说"上有天堂，下有苏杭"，今年春天我去了一趟杭州，_____。

（2）这些又窄又陈旧的街道_____。

（3）_____，但另外一些人却不以为然。

3. 番

例　据说人们早晨醒来就可以悠闲地泡在海水里享受一番，随后换上地铁，按时上班就能十分从容。

（1）他特别喜欢和别人争论，_____。

（2）婚礼是人生中的大日子，婚礼之前，新郎和新娘＿＿＿＿＿＿＿＿＿＿＿＿。

（3）＿＿＿＿＿＿＿＿＿＿＿＿＿＿＿＿＿＿＿＿＿＿＿，两个人又言归于好了。

三 说说下边句子中"将"的不同意思和用法，并分别用它们说两个句子

街道是将城市粘连起来的公共空间胶水，它将成为让人乐于走出汽车的场所。

1. ＿＿＿＿＿＿＿＿＿＿＿＿＿＿＿＿＿＿＿＿＿＿＿＿＿＿＿＿。

2. ＿＿＿＿＿＿＿＿＿＿＿＿＿＿＿＿＿＿＿＿＿＿＿＿＿＿＿＿。

四 谈谈你对下边两段话的理解并说说你的看法

1. 在强调现代工商业发展之余，不够重视城市作为市民定居场所与生活环境的一面，直观体现之一便是街道空间的丧失。
2. 人口密集型城市的规划者不仅要考虑自然植被的广度，还要考虑它的上升空间。植物生长的可持续性、绿色植物屋顶、阶梯式垂直花园、自然植物墙等因素，均被考虑在内。

综合练习

一 叙述与讨论

1. 什么是"小大楼"？它的存在是否有合理性？
2. 请模拟男女嘉宾，补充讨论。

二 小演讲：我的理想城

如果你要建造一座理想中的城市，它将是什么样子？你会怎么管理它？

第4课　从"小大楼"说起

要点提示：
1. 建筑风格
　　古典的　现代的　时尚的　五花八门的　整齐划一的
　　宏伟的　小巧的　别致的
2. 城市生态
　　城市气候　环境保护与污染　绿化
3. 生活设施
　　商业　文体　医疗　饮食　服务
4. 治理政策
　　土地制度　财产权　教育

三　课后任务：城市印象

1. 拿起相机，为一个城市摄影。
2. 梳理城市概况，如历史传说、建筑特点、市民文化等。
3. PPT展示，限时10分钟。

四　课后任务（选做）：丝绸之路上的历史名城

　　丝绸之路，简称"丝路"，分为陆上丝绸之路和海上丝绸之路。陆上丝绸之路起源于西汉，最初的作用是运输中国古代出产的丝绸。陆上丝绸之路以长安（今西安）为起点，经我国甘肃、新疆等地，跨过边境后，最终到达中亚、西亚地区，成为连接地中海各国的陆上通道。丝绸之路上有许多历史名城，这些城市各具特色、各有风情，了解这些城市的历史和文化，将有助于大家更好地了解中国。

1. 你可以翻阅资料，梳理其中一座城市的概况，向大家介绍一下这座城市的建筑特点、市民文化、历史传说、古今变化等。
2. 如果你去过其中的某座城市，可以谈谈对它的印象，展示一下拍摄的照片，并与大家分享一下自己的丝路见闻。

第 5 课 奇妙的成语

听力录音

课前热身

1. 你知道下面图片中成语的意思吗？请尝试着说一说。
2. 在你看来，成语有什么特点？使用成语有什么好处？
3. 你在使用成语时遇到过什么困难？

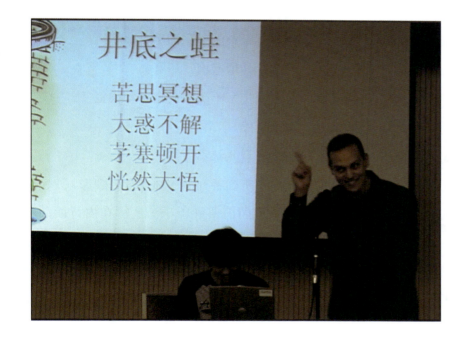

扫码收看视频

第一部分

词语

5-1

1	奇妙	qímiào	形	稀奇美妙。
2	成语	chéngyǔ	名	汉语中的一种固定短句。
3	拦路虎	lánlùhǔ	名	比喻障碍或困难。
4	偏偏	piānpiān	副	表示与现实或希望相反。
5	不知不觉	bùzhī-bùjué		没有察觉到,没有意识到。
6	蹦	bèng	动	跳。
7	云里雾里	yúnli-wùli		像在云雾之中,指不明白,完全摸不着头脑。
8	方块字	fāngkuàizì	名	指汉字。因为每个汉字一般占一个方形面积。
9	眼花缭乱	yǎnhuā-liáoluàn		因看到繁杂的事物而感到迷乱。
10	字斟句酌	zìzhēn-jùzhuó		一字一句地考虑、琢磨。
11	言简意赅	yánjiǎn-yìgāi		言语或文字不多,而意思却很完备。
12	不已	bùyǐ	动	继续不停。
13	一窍不通	yíqiào-bùtōng		比喻一点儿都不懂。
14	耳濡目染	ěrrú-mùrǎn		因经常听到看到而不知不觉受到影响。
15	班门弄斧	bānmén-nòngfǔ		在鲁班门前耍弄斧子。比喻在内行面前卖弄本事。
16	如此	rúcǐ	代	这样。
17	贻笑大方	yíxiào-dàfāng		指被内行人笑话。

第 5 课　奇妙的成语

听力练习

一　听第一遍录音，选择正确答案

5-2

1. 说话人是中国人还是外国人？
   A. 中国人　　　　　　　　B. 外国人

2. 说话人认为，学习成语最大的困难是什么？
   A. 使用和理解　　　　　　B. 书写和使用

3. 对于汉字，说话人提到了什么？
   A. 形声字　　　　　　　　B. 方块字

4. 说话人是否敢于使用成语？
   A. 敢　　　　　　　　　　B. 不敢

5. 根据第一部分内容可以猜到后边可能要谈什么？
   A. 使用成语的经验　　　　B. 不要使用成语

二　听第二遍录音，判断对错

5-2

1. 中国人也怕用成语。　　　　　　　　　　　　　　　　（　　）
2. 说话人看到汉字会眼花。　　　　　　　　　　　　　　（　　）
3. 成语的好处是言简意赅。　　　　　　　　　　　　　　（　　）
4. 说话人常常能接触到中国人。　　　　　　　　　　　　（　　）
5. 说话人没有说成语的勇气，因为怕用错了被人笑话。　　（　　）

三　听录音，把你听到的四字成语写下来

5-3

_____　_____　_____　_____　_____

_____　_____　_____　_____　_____

75

四 根据释义写出对应的成语或词语，然后听录音，进行核对

释义	对应的成语
1. 比喻遇到的困难或者障碍。	
2. 不经意，没有感觉到。	
3. 像在云雾之中。不明白，摸不着头脑。	
4. 形容事物种类繁多。	
5. 因为看到繁杂的事物而感到迷乱。	
6. 因困难或麻烦而感到不舒服，不好应付。	
7. 一字一句地考虑、琢磨。	
8. 言辞不多，而意思却很完备。	
9. 比喻一点儿都不懂。	
10. 经常听到看到而不知不觉受到影响。	
11. 比喻在内行人面前卖弄本事。	
12. 被内行人笑话。	

口语练习

一 用所给词语或句式完成句子

1. **偏偏**

   例 我们学汉语常常遇到的拦路虎便是如何理解和使用成语，（但）偏偏中国人又爱用成语。

   （1）我一直抽不出时间去旅行，最近好不容易有了空闲的时间了，（可）_____
   _____。

第 5 课　奇妙的成语

（2）每次考试我最怕做最后一道难题，只要我把这道题做出来，一般就会得到很高的分数，可是这次_____。

（3）人人都知道超速开车是违法的，_____。

2. 不已

例 那些写文章字斟句酌的人往往喜欢用言简意赅的成语表达自己的观点，真是让我头痛不已。

（1）错过了一次那么好的机会，我_____。

（2）花了天价买来的手表不小心被我摔坏了，_____。

（3）看到自己的偶像来到演出现场，_____。

3. 尽管如此

例 尽管如此，我有时候还会贻笑大方。

（1）我在国内学过两年汉语，而且在中国待了一年多，_____
_____。

（2）他的法语水平很高，已经达到了同声传译的水平，_____
_____。

（3）这些成语的意思我都明白了，_____
_____。

二　根据提示回答问题或讨论

1. 什么是"拦路虎"？你在学习汉语的时候遇到的"拦路虎"是什么？
（如何）

2. 中国人为什么爱用成语？
（蹦）

77

3. 在学习成语时，你有什么"痛苦经历"吗？
   （一窍不通　头痛不已）

4. 对于"方块字"，你有什么看法？
   （形形色色　眼花缭乱）

5. 你写文章喜欢字斟句酌吗？为什么？
   （往往　表达）

6. 成语言简意赅，可否举例说明？
   （例如）

7. 在中国，耳濡目染下，你有没有什么观念发生了改变？
   （待　不知不觉）

8. 你知道"班门弄斧"的典故吗？
   （尽管如此）

9. 你在学习汉语的时候，有没有贻笑大方的事？
   （偏偏）

第二部分

 词语

5-5

1	内涵*	nèihán	名	概念的内容，事物内在、深层的意思。
2	甚至	shènzhì	连	表示更进一层。
3	弦外之音	xiánwàizhīyīn		比喻言外之意。
4	望文生义*	wàngwén-shēngyì		不懂某一词句的正确意义，只从字面上去理解，做出错误的解释。
5	井底之蛙	jǐngdǐzhīwā		井底下的青蛙只能看到井口那么大的一块天，比喻眼界窄，见识少的人。
6	苦思冥想	kǔsī-míngxiǎng		认真地、费力地思索。
7	大惑不解	dàhuò-bùjiě		极为困惑，不能理解。
8	明明	míngmíng	副	显然如此，确实如此。

第 5 课　奇妙的成语

9	青蛙	qīngwā	名	生活在水中或近水的一种动物；frog。
10	茅塞顿开	máosè-dùnkāi		原来心里像被茅草塞住，现在忽然一下子被打开了。形容忽然理解、明白了。
11	恍然大悟	huǎng rán dà wù		忽然间明白过来。
12	王子	wángzǐ	名	帝王的儿子。
13	童话	tónghuà	名	一种儿童文学体裁；fairy tales。
14	津津有味	jīn jīn yǒu wèi		特别有滋味。
15	脱口而出	tuōkǒu'érchū		指不假思索地随口说出。
16	胸有成竹	xiōngyǒu chéngzhú		画竹子之前心中要先有竹子的形象。比喻在做事之前心中要有完整的谋划打算。
17	游客	yóukè	名	游人。
18	捧腹大笑	pěng fù dà xiào		捧着肚子大笑，形容大笑的样子。也借指大笑。
19	捉迷藏	zhuōmícáng		儿童游戏。大家躲起来，让一个人去找，或一人蒙住眼睛，摸索着去捉在他身边来回躲避的人。
20	欸	ēi	叹	此处表示打招呼。
21	无地自容	wúdì-zìróng		没有地方可以让自己容身。形容非常羞愧窘迫。
22	诧异	chàyì	形	觉得非常奇怪。
23	莫名其妙	mòmíngqímiào		指没有人能说出它的奥妙。表示很奇怪，不明白怎么回事。
24	唉	ài	叹	表示叹气。
25	苦头	kǔtóu	名	苦难，不幸。

听力练习

一　**听第一遍录音，选择正确答案**

"我"讲了几个学习和使用成语时闹的笑话？
A. 两个　　　　　　B. 三个　　　　　　C. 四个

二 听第二遍录音，判断对错

1. 在刚开始接触成语的时候，"我"就知道成语有丰富的内涵。（　）
2. 游客见熊猫吃竹子的样子很可爱，所以都笑了起来。（　）
3. "我"和孩子们玩儿捉迷藏，结果找来找去找不到可藏的地方。（　）
4. 因为"我"不会玩儿捉迷藏，所以小孩子满脸诧异地看着我。（　）
5. 因为用错了成语，"我"吃了很多苦头。（　）

三 听第三遍录音，在"我"用错的成语前画√

□ 望文生义　　　□ 无地自容　　　□ 胸有成竹　　　□ 大惑不解

四 听录音，将成语填写完整并解释成语的意思

弦外之（　）　望文（　）义　井底（　）蛙　（　）思冥想　大（　）不解
茅塞（　）开　恍然大（　）　津津有（　）　（　）口而出　胸有（　）竹
捧腹大（　）　无地（　）容　莫名（　）妙

口语练习

一 用所给的词语改写句子并读一读

1. **明明**

   例 我苦思冥想、大惑不解，本来是一个人，怎么成了一只青蛙呢？
   → 我苦思冥想、大惑不解，明明是一个人，怎么成了一只青蛙呢？

   （1）这件事很清楚就是他错了，为什么不能批评？

   _____

   （2）她确实去上海了，你怎么可能看见他？

   _____

   （3）一个女孩儿独自旅行确实很危险，为什么不阻止她呢？

   _____

第 5 课　奇妙的成语

2. 惹得……

　　例　我突然想到一个成语，就脱口而出："你们看！熊猫已经胸有成竹了！"结果让其他游客捧腹大笑。

　　→　我突然想到一个成语，就脱口而出："你们看！熊猫已经胸有成竹了！"结果惹得其他游客捧腹大笑。

（1）那个孩子学着大人的样子，把手背在身后低头走路，大家看了都忍不住笑起来。

_____

（2）有人在街上大声叫嚷，很多人都停下脚步去看到底发生了什么事。

_____

（3）哥哥在写作业，弟弟总是给他捣乱（dǎo luàn），哥哥很生气。

_____

二 根据提示回答问题

1. 在刚刚接触到成语的时候，"我"为什么会望文生义？
　（内涵　弦外之音）

2. "井底之蛙"的真实意思是什么？
　（于是）

3. 在动物园里，游客听了"我"的话为什么捧腹大笑？
　（津津有味　脱口而出）

4. 为什么玩儿捉迷藏的小孩儿说应该是"我"无地自容？
　（诧异　莫名其妙）

三 口语表达

1. 简单复述一下"我"使用成语的几个小故事。
2. 介绍自己的一段经历（如用餐、购物、学汉语……）

提示句式：
记得有一次，……。还有一次，……。再有一次，……。

第三部分

词语

5-8

1	徒劳无功	túláo-wúgōng		指白费力气，没有一点儿成效。
2	一筹莫展	yìchóu-mòzhǎn		一点儿计策也施展不出。形容没有一点儿办法。
3	细微	xìwēi	形	细小，微小。
4	差异*	chāyì	名	差别，不同的地方。
5	只可意会，不可言传	zhǐ kě yìhuì, bù kě yánchuán		只能用心体会，无法用言语具体表达。
6	叫苦不迭	jiào kǔ bù dié		叫苦不止，连声叫苦。
7	不禁	bùjīn	副	抑制不住，禁不住。
8	怀疑	huáiyí	动	疑惑，不很相信。
9	搜肠刮肚	sōucháng-guādù		形容用尽心思，想尽一切办法。
10	鼓足勇气	gǔzú yǒngqì		鼓起勇敢的气魄。
11	引	yǐn	动	引起，使出现。
12	阵	zhèn	量	表示持续时间或动作的量词。
13	屡战屡败	lǚ zhàn lǚ bài		多次尝试都以失败告终。
14	苦不堪言	kǔ bù kān yán		形容极其痛苦，到了无法用言语表达的地步。
15	灰心丧气	huīxīn-sàngqì		形容丧失信心，意志消沉。
16	免	miǎn	动	避免。
17	之	zhī	助	用在定语和中心词之间，组成偏正词组，表示修饰关系。
18	辈子	bèizi	名	一生。
19	别无他法	bié wú tā fǎ		没有任何别的办法。

第 5 课　奇妙的成语

听力练习

一　听第一遍录音，下面哪一项没有提到？

A. 使用成语的难处　　　　　　B. 使用成语词典的好处

二　听第二遍录音，判断对错

1. 我们学成语的时候总是胸有成竹。　　　　　　　　　　　　（　　）
2. 很多学生为不会使用成语词典而烦恼。　　　　　　　　　　（　　）
3. 使用一个新学的成语时，我们需要很大的勇气。　　　　　　（　　）
4. 我们使用成语的时候常常闹笑话。　　　　　　　　　　　　（　　）
5. 我非常享受使用成语的快乐。　　　　　　　　　　　　　　（　　）
6. 作者用幽默的口气介绍了一个免受成语之苦的办法。　　　　（　　）

三　根据录音选择合适的词语

我们学成语的时候总会觉得自己_____，虽然知道了意思，也不能正确使用，抱着成语词典_____。不同成语的细微差异往往_____，_____，这也是让很多学生_____的一点。于是我们不禁怀疑，还要不要继续_____地说成语？每一次当我们鼓足勇气想说一个刚刚学到的成语时，话一出口又引来旁人的一阵大笑。_____、屡败屡战，真是_____。

口语练习

一　用所给词语完成句子

1. 不禁

　　例　不同成语的细微差异往往只可意会，不可言传，这也是让很多学生叫苦不迭的一点。于是我们不禁怀疑，还要不要继续搜肠刮肚地说成语？

　　（1）在国外住久了，_____。

（2）看到流浪的小猫，_____。

（3）电影里的故事十分感人，_____。

（4）看到孩子们在快乐地玩儿捉迷藏，_____。

2. 免受……之苦

例 在中国免受成语之苦的办法也不是没有，这辈子就算了，下辈子争取出生在中国，别无他法。

（1）为了免受开刀之苦，_____。

（2）为了免受噪音之苦，_____。

（3）为了免受战争之苦，_____。

（4）为了免受暴晒（bàoshài）之苦，_____。

二 根据提示回答问题

1. 为什么留学生学成语的时候常常觉得徒劳无功？
（虽然……，也……）

2. 很多学生学成语的时候为什么叫苦不迭？
（只可意会，不可言传）

3. "我"为什么觉得苦不堪言？
（每一次　当……时　鼓足勇气　屡战屡败）

4. "我"想到的免受成语之苦的办法是什么？
（下辈子　别无他法）

三 交流与讨论

1. 你学成语的时候有没有和"我"一样的感受？
2. 你觉得学好成语的办法是什么？

第 5 课　奇妙的成语

综合练习

一 写出你最喜欢的5个成语，说明它们的意思并用它们各说一句话

1. _____
2. _____
3. _____
4. _____
5. _____

二 实践：了解3—5个不同类别的成语，介绍给同学们

提示与参考	你了解到的新成语
1. 带有数字的成语：一心一意	
2. 带有方位词的成语：天南海北	
3. 带有动物名称的成语：马到成功	
4. 描写心情的成语：心急如焚	
5. 带有身体部位的成语：手忙脚乱	
6. 描写风景的成语：山清水秀	

85

三 在你的母语中一定也有很多类似成语的固定说法，请介绍5个这样的固定说法并与中文成语做比较

1. _____
2. _____
3. _____
4. _____
5. _____

四 小演讲：奇妙的……

提示：

可以谈学汉语的经历、对中国文化的了解、对一个新知识的掌握等

参考框架：

第一部分：简单介绍一种令人困惑的现象（仿照课文第一部分）

第二部分：了解和适应这种现象的具体经历（仿照课文第二部分）

第三部分：一些建议（仿照课文第三部分）

参考词语：

明明　偏偏　不禁　甚至　吃苦头　叫苦不迭　云里雾里
莫名其妙　苦不堪言　头痛不已　灰心丧气

参考句式：

1. 下面……
2. 我记得……
3. 在刚刚……的时候，我不知道……，于是……
4. 后来终于……
5. 对……一窍不通……
6. 尽管如此……
7. 惹得……
8. 免受……之苦……

第 6 课　全球气候变暖，人类将如何应对

听力录音

课前热身

以下几张图片展示了北极地区气候变暖带来的影响，请挑出其中一张图片描述可能涉及的内容并就此谈谈你的感受或者你所了解到的相关情况。

87

第一部分

 词语

6-1

1	全球	quánqiú	名	整个地球。
2	网站	wǎngzhàn	名	在互联网上建立的网络站点，一般由一个主页和多个网页构成；website。
3	北极	běijí	名	地球自转轴最北端；the North Pole。
4	融化	rónghuà	动	固体因为温度升高变成液体。
5	造成*	zàochéng	动	招致或引起。
6	视为	shìwéi	动	看作，认为是。
7	环绕	huánrào	动	围绕。
8	出发点	chūfādiǎn	名	行动的起点。
9	绵延	miányán	动	连续不断。
10	起伏	qǐfú	动	忽高忽低，连续不断。
11	冰盖	bīnggài	名	覆盖着广大地区的极厚的冰层；ice cap。
12	探险	tàn xiǎn		到从来没有人去过或很少有人去过的危险的地方进行考察、游览或寻找未见过的事物等。
13	前往	qiánwǎng	动	离开此地去（另一个地方）。
14	冰川	bīngchuān	名	在高山或两极地区，积雪由于自身的压力变成冰（或积雪融化，下渗冻结成冰），又因重力作用而沿着地面倾斜方向移动，这种移动的大冰块叫冰川；glacier。
15	锅穴	guōxué	名	地质学上指岩石上受侵蚀形成的开口向上的深坑。因形如锅得名；kettle hole。
16	相去甚远	xiāng qù shèn yuǎn		差距很大。相去：互相间存在距离，相距。
17	溪流	xīliú	名	山间的小股水流，溪水。
18	最终*	zuìzhōng	名	最后。
19	坍	tān	动	堆起的东西倒塌。

第 6 课　全球气候变暖，人类将如何应对

20	水流	shuǐliú	名	流动着的水。
21	冰层	bīngcéng	名	有一定厚度的冰面。
22	润滑	rùnhuá	动	减少物体之间的摩擦，使物体便于运动。
23	北极圈	běijíquān	名	距北极约为23°27′且与赤道相平行的地球上的一个圈，寒带被它圈在里面；Arctic Circle。
24	开裂	kāiliè	动	出现裂缝。
25	快速*	kuàisù	形	速度快的，迅速。
26	滑行	huáxíng	动	一个物体与另一个物体接触面不变，向前移动。
27	抵达	dǐdá	动	到达目的地。

专有名词

1	塔西拉克	Tǎxīlākè	地名；Tasiilaq。
2	格陵兰岛	Gélínglán Dǎo	地名；Greenland。
3	艾伦·安德森	Àilún Āndésēn	人名；Allen Anderson。
4	挪威	Nuówēi	国家名；Norway。
5	弗里乔夫·南森	Fúlǐqiáofū Nánsēn	人名；Fridtjof Wedel-Jarlsberg Nansen。
6	伊卢利萨特镇	Yīlúlìsàtè Zhèn	镇名；Town of Ilulissat。

注　释

《新科学家》（*New Scientist*）：英国较有影响的杂志，广泛报道科学技术领域的新闻和进展。

听力练习

一　听第一遍录音，选择正确答案

6-2

1. 这篇新闻稿是由_____《新科学家》杂志的网站发出的，由_____转发的。
   A. 中国；美国　　　　　　　　B. 美国；中国

2. 艾伦·安德森是《新科学家》杂志的_____。
   A. 记者　　　　　　　　　　　B. 探险家

3. 冰川锅穴是因为_____而形成的。
   A. 冰块堆积　　　　　　　　　B. 冰面融化

4. 世界上最大最厚的冰川在_____周围。
   A. 伊卢利萨特镇　　　　　　　B. 塔西拉克镇

二　听第二遍录音，判断对错

6-2

1. 如果想要环绕北极旅行，塔西拉克岛是最好的出发点，它位于格陵兰岛西部。　　　　　　　　　　　　　　　　　　　　　　　　　　（　　）

2. 站在塔西拉克小镇背后的山顶之上，人们可以看到整个塔西拉克岛。
   　　　　　　　　　　　　　　　　　　　　　　　　　　（　　）

3. 冰盖逐渐硬化，最终形成了冰川锅穴。　　　　　　　　　（　　）
4. 冰融水会加快冰川向海洋移动的速度。　　　　　　　　　（　　）
5. 由于气候变暖，格陵兰岛的冰川已经开裂并且滑向海洋。（　　）

口语练习

一　用所给句式改写句子并读一读

因为……而形成

例 因为冰面融化坍落，所以形成了冰川锅穴。
→ 冰川锅穴就是因为冰面融化坍落而形成的。

第6课　全球气候变暖，人类将如何应对

1. 因为地壳运动，所以形成了岩石。
   _____

2. 因为大爆炸，所以形成了宇宙。
   _____

3. 因为空气中聚集着微小颗粒，所以形成了雾霾。
   _____

4. 因为光在不均匀的空气中传播发生了折射，所以形成了海市蜃楼。
   _____

二　口语表达：按照下面的提示复述录音内容

1. 塔西拉克岛
   （1）位于　被视为　出发点
   （2）站在　人们可以看到　同时也可以明显感受到
   （3）在……的身后　在他的西侧则是　曾经走过的道路

2. 冰川锅穴
   （1）如今　当年　相去甚远
   （2）随着气候变暖　许多冰盖　冰融水　溪流　冰川锅穴之中
   （3）因为……而形成的
   （4）人们站在　可以听到　可以明显感受到
   （5）如果　"被视为"……　"将永远"……　"人们站在"……
       "可以明显感受到"……　"同时也可以明显感受到"……
       "这要归功于"……

3. 伊卢利萨特镇
   （1）位于　小镇　周围是　冰川
   （2）现在　从这里已经可以　这要归功于
   （3）由于　冰融水和相对温暖的海水使得　开裂　滑行　现在已经抵达

第二部分

 词语

6-3

1	海平面	hǎipíngmiàn	名	大海的水平面；sea level。
2	南极	nánjí	名	地球自转轴最南端；Antarctica。
3	或许	huòxǔ	副	也许可能但不肯定。
4	灭顶之灾	mièdǐngzhīzāi		比喻毁灭性的灾难。
5	北极熊	běijíxióng	名	生活在北极的一种动物；polar bear。
6	覆盖	fùgài	动	遮盖。
7	崩塌	bēngtā	动	崩裂而倒塌。
8	受害者	shòuhàizhě	名	被伤害的人。
9	捕猎	bǔliè	动	捕捉（动物）。
10	灭绝*	mièjué	动	（动植物）完全消失。
11	海象	hǎixiàng	名	一种生活在海洋中的哺乳动物；morse。
12	危及*	wēijí	动	有害于，威胁到。
13	平台*	píngtái	名	高而平的台子，也指进行某项工作所需要的环境和条件。
14	海域	hǎiyù	名	指海洋的一定范围（包括水上和水下）。
15	海鸠	hǎijiū	名	一种海鸟，又称海鸽；guillemot。
16	以往	yǐwǎng	名	从前，以前。
17	巢穴	cháoxué	名	鸟、兽住的窝。
18	悬崖峭壁	xuányá-qiàobì		像墙壁一样高而陡的山崖。
19	捕食	bǔshí	动	捉住别的动物并且把它吃掉。
20	场所	chǎngsuǒ	名	活动的地方。
21	食物链	shíwùliàn	名	一连串的食与被食的关系，叫作食物链。草食动物吃植物，肉食动物吃草食动物，是最基本的食物链；food chain。

第 6 课　全球气候变暖，人类将如何应对

听力练习

6-4

一　听第一遍录音，选择正确答案

1. 格陵兰岛上的冰雪融化会造成海平面每年上升_____。
   A. 1 毫米　　　　　　B. 1 厘米

2. 由于气候变暖，海冰融化，到2050年，什么动物可能会灭绝？
   A. 海象　　　　　　　B. 北极熊

3. 大部分北极海象生活在什么海洋中？
   A. 北冰洋　　　　　　B. 大西洋

4. 海鸠把巢穴建在什么地方？
   A. 悬崖　　　　　　　B. 冰山

6-4

二　听第二遍录音，根据要求完成练习

　　随着气温的升高，北极地区的海冰在融化过程中，有哪些动物将受到威胁？请圈出它们。

A. 北极熊

B. 北极狐（běijíhú, arctic fox）

C. 北极燕鸥
(běijí yàn'ōu, arctic tern)

D. 海鸠

E. 海象

93

三 根据录音选择合适的词语

_____年夏天，北极海冰覆盖面积约为_____万平方公里。到_____年_____月，北极海冰覆盖面积仅剩_____万平方公里。未来，北极海冰很可能会_____再一次的大面积崩塌。在北极海冰_____过程中，北极熊将是最大的受害者。尽管_____捕猎北极熊，但它们终将无法逃脱气候变暖所带来的_____。美国科学家曾经在一份研究报告中_____：到_____年，北极熊也许会_____。

口语练习

一 用所给词语完成句子

以免

例 海鸠都习惯于将巢穴建在悬崖峭壁之上，以免受到捕食者的攻击。

1. 请把电视的声音调小点儿，_____。

2. 我们要早点儿起床，_____。

3. 看这天气，好像要下雨，出门记得带上雨伞，_____。

4. 运用成语的时候不能望文生义，应该弄清楚它的真实含义，_____。

5. _____，以免引起不必要的麻烦。

6. _____，以免迷路。

7. _____，以免_____。

二 仿造例句，用加点的词语完成句子

例 也许每年1毫米的速度并不能引起人们的注意，但是如果持续100年，再加上南极冰川融化的影响，全球海平面上升的速度将会越来越快。

第 6 课　全球气候变暖，人类将如何应对

1. 贫穷　努力　帮助　富裕

   _____

   _____

2. 水平一般　训练　指导　提高

   _____

   _____

3. 初到某地不适应　熟悉　风景优美　喜欢

   _____

   _____

4. 抽一支烟　天天抽　喝酒　疾病

   _____

   _____

第三部分

 词语

6-6

1	挑战	tiǎo zhàn		鼓动对方跟自己竞赛。
2	环境	huánjìng	名	生物和影响生物生存与发展的一切外界条件的总和。
3	海岸	hǎi'àn	名	邻接海洋边缘的陆地。
4	安家落户	ānjiā-luòhù		安置家庭并定居。
5	哺乳动物	bǔrǔ dòngwù		最高等的脊椎动物，基本特点是初生幼子靠吃妈妈的奶长大；mammal。
6	间接	jiànjiē	形	通过第三者发生关系的。
7	山头	shāntóu	名	山的顶部。
8	友善	yǒushàn	形	朋友之间亲近和睦。
9	未知数	wèizhīshù	名	比喻还不知道的事情。

10	永久	yǒngjiǔ	形	永远，长久。
11	冻结	dòngjié	动	液体受冷凝结。
12	波动	bōdòng	动	像波浪那样起伏不定，不稳定。
13	总体*	zǒngtǐ	名	若干个体所合成的事物，整体。
14	矿物	kuàngwù	名	地壳中存在的自然化合物和少数自然元素。有固体（如铁矿石，煤等），液体（如石油等），气体（如天然气）三种形态。
15	排放	páifàng	动	排泄放出。
16	各种各样	gè zhǒng gè yàng		许多不同的种类或方式。
17	降水量*	jiàngshuǐliàng	名	一定时间内，降落在水平地面上的水，在未经蒸发、渗漏、流失情况下所积的深度，通常以毫米为单位；amount of precipitation。
18	冻土	dòngtǔ	名	冻结的土壤；frozen soil。
19	消融	xiāoróng	动	融化，消化。

专有名词

1	因纽特人	Yīnniǔtèrén	主要生活在北极地区；Inuit。
2	埃尔斯米尔岛	Ài'ěrsīmǐ'ěr Dǎo	地名；Ellesmere Island。
3	斯泰恩斯峡湾	Sītài'ēnsī Xiáwān	地名；Staines Fjords。

听力练习

6-7

一　听第一遍录音，选择正确答案

1. 格陵兰岛上的因纽特人在哪里安家落户？
 A. 海岸边　　　　　　　　　　　B. 冰山上

2. 塔西拉克镇上的学生们喜欢什么体育运动？
 A. 打篮球　　　　　　　　　　　B. 踢足球

3. 一百多年来，全球气温经历了怎样的波动？
 A. 冷—暖—冷—暖　　　　　　　B. 暖—冷—暖—冷

第6课 全球气候变暖，人类将如何应对

二 听第二遍录音，判断对错

6-7

1. 因纽特人无法适应环境的变化，直接原因是气候变暖造成食物链被破坏。（　）

2. 埃尔斯米尔岛斯泰恩斯峡湾附近许多地方露出了土地和山头。（　）

3. 全球变暖的主要原因是人类大量燃烧矿物燃料，排放大量温室气体。（　）

4. 全球变暖只危害了自然环境，对人类的居住环境暂时没有影响。（　）

三 根据录音选择合适的词语

6-8

1. 不仅仅是北极动物将面临生存的_____，北极地区的人类很可能也无法适应_____的变化。

2. 因纽特人主要靠_____海中哺乳动物为生。

3. 他们非常_____，对陌生的来客也非常_____。

4. 全球变暖会带来_____的后果，比如，会使全球_____重新分配，冰川和冻土_____，海平面上升等，既_____自然的生态环境，也威胁着人类的食物_____和居住环境。

口语练习

一 根据课文内容回答问题

1. 气候变暖如何影响因纽特人的生活？
（靠……为生　造成）

2. 塔西拉克镇的居民未来将面对什么问题？
（捕猎技术　永久冻结带　安全）

3. 全球气候变暖的主要原因是什么？
（大量使用　排放）

二 口语表达

> **携手构建合作共赢、公平合理的气候变化治理机制**
> **——在气候变化巴黎大会开幕式上的讲话**
> （2015年11月30日，巴黎）
> 中华人民共和国主席　习近平
>
> 尊敬的奥朗德总统，
> 尊敬的各位同事，
> 女士们，先生们，朋友们：
>
> 　　今天，我们**齐聚**巴黎，**出席**联合国气候变化巴黎大会开幕式。这**表明**，恐怖主义阻挡不了全人类应对气候变化、追求美好未来的进程。**借此机会**，我愿向法国人民**致以诚挚的慰问**，同时**对**奥朗德总统和法国政府为这次大会召开所作的精心筹备**表示感谢**。
>
> 　　《联合国气候变化框架公约》**生效**20多年来，**在各方共同努力下**，全球应对气候变化工作**取得积极进展**，但仍**面临**许多困难和挑战。巴黎大会正是**为了**加强公约实施，**达成**一个全面、均衡、有力度、有约束力的气候变化**协议**，**提出**公平、合理、有效的全球应对气候变化解决**方案**，**探索**人类可持续的发展路径和治理**模式**。法国作家雨果说："最大的决心会产生最高的智慧。"我**相信**，只要各方展现诚意、坚定信心、齐心协力，巴黎大会**一定能够**取得令人满意的成果，**不辜负**国际社会的热切**期盼**。
>
> （选自人民网，2018年01月04日）

阅读这段演讲，注意黑体词语的表达并用以下结构说一段话：

1. 今天我们齐聚/相聚……，出席……；这表明……；借此机会……，我要向……致以诚挚的慰问/问候，对……表示衷心的感谢。
2. ……，在各方共同努力下，……取得了积极进展，……同时/但仍面临各种困难和挑战，我们应……。
3. ……为了……，我们达成……共同的协议/一致的意见，提出了……方案，探索出……的模式/道路。
4. ……相信/坚信，只要……，……一定能够……，不辜负……期盼/期望。

第6课 全球气候变暖，人类将如何应对

综合练习

一 任务：模拟联合国气候变化大会

题目：全球气候变暖，人类将如何应对

说明：2018年12月3日，联合国气候变化大会在波兰的卡托维兹举行。来自150多个国家的领导人出席大会开幕活动，为《巴黎协议》的实施细则进行谈判。请同学们也来模拟一次联合国气候变化大会，各自代表自己的国家出席会议，就应对气候变化的全球行动谈一谈各自的看法，提一提建议。

讨论问题：
1. 说明气候变暖的情况与后果。（如海平面上升，因纽特人生活受到影响等）
2. 分析气候变暖的原因。（如温室气体排放等）
3. 提出解决办法。（如节能减排等）

参考句式：
1. 我认为/不认为……好/不好。
2. 如果……是否会更好？
3. 假设……那么……
4. 就这个问题，我的看法是……

二 实践活动

活动一：我是新闻播报员

步骤：
1. 听一听今天的新闻。
2. 选择一则你感兴趣的新闻并记录下新闻中的关键词语和句式。
3. 模仿新闻播报员向全班播报这则新闻。
4. 对照新闻补充完善你的新闻播报。

活动二：我是配音员

说明：以"大自然不需要人类，人类需要大自然"为宣传口号的"大自然在说话"系列公益影片项目，由国际性非营利环保机构——保护国际基金会

发起。该系列公益影片项目在美国发布时便获得了好莱坞许多深具影响力的演员的持续关注，同时受到广大民众的支持。"大自然在说话"系列公益影片项目中文版配音阵容十分耀眼，蒋雯丽、姜文、葛优、陈建斌、周迅、濮存昕、汤唯等中国明星分别为大自然母亲、海洋、雨林、土地、水、红木、花发声，通过他们的声音，让人类倾听大自然的所知所见，更重要的是，倾听大自然给予人类的建议。

要求：选取一个片段为其配音。

第 7 课　无法回避的问题

听力录音

课前热身

1. 你喜欢养宠物吗？为什么？
2. 你可以接受对宠物实行安乐死的做法吗？为什么？

第一部分

词语

7-1

1	回避	huíbì	动	让开，躲开。
2	安乐死*	ānlèsǐ	动	应无法救治又极为痛苦的病人的主动要求，由医生采取措施让病人无痛苦地死去。
3	国度*	guódù	名	指国家（多就国家区域而言）。
4	从未	cóngwèi	副	从来没有。
5	宠物	chǒngwù	名	指家庭里养的受人喜爱的小动物，如猫、狗等。
6	某	mǒu	代	指一定的人或事。
7	凶手	xiōngshǒu	名	杀害或伤害人的人。
8	仁慈	réncí	形	仁爱慈善，能同情、爱护和帮助人。
9	人道*	réndào	名	指爱护人的生命、关怀人的幸福、尊重人的人格和权利的道德。
10	谋杀*	móushā	动	谋划杀害。

专有名词

荷兰*	Hélán	国家名；The Kingdom of the Netherlands。

听力练习

 一　听第一遍录音，判断下列哪项内容没有出现

7-2

1. 安乐死的好处。　　　　　　　　　　　　　　　（　　）
2. 第一个合法实行安乐死的国家。　　　　　　　　（　　）
3. 第一个被实行安乐死的人。　　　　　　　　　　（　　）
4. 关于安乐死的讨论。　　　　　　　　　　　　　（　　）
5. 宠物的安乐死问题。　　　　　　　　　　　　　（　　）

第 7 课　无法回避的问题

二　听第二遍录音，判断对错

7-2

1. 很多人不认为安乐死可以最大程度上减轻病人的痛苦。　　（　　）
2. 世界上第一个可以合法实行安乐死的国家是荷兰。　　　　（　　）
3. 关于安乐死的争论一直没有停止。　　　　　　　　　　　（　　）
4. 有人将那些给宠物实行安乐死的医生称为冷血动物。　　　（　　）
5. 宠物安乐死是一个必须面对的问题。　　　　　　　　　　（　　）
6. 针对宠物安乐死问题，记者进行了采访。　　　　　　　　（　　）

三　根据录音选择合适的词语

7-3

1. 安乐死，可以在最大_____上减轻病人的痛苦和病人家庭的不必要的_____，把_____的资源用到更需要的地方去。

2. 虽然有越来越多的人_____了安乐死，但直到2000年11月，世界上才有了第一个可以_____实行安乐死的_____——荷兰，而且有关安乐死的_____从未停止过。

3. 我们现在要谈的是一个既和安乐死有关，又_____另一个世界的话题，这就是宠物的安乐死问题。

4. 正如一位_____学家所说，有的时候，人类的_____反而会给动物带来极大的痛苦。

5. _____安乐死已经成为无法_____的问题。

6. 给宠物实行安乐死是_____还是合理_____？人们对_____有何看法？针对这一问题，_____网站记者进行了相关_____。

口语练习

一　用所给词语改写句子并读一读

1. **从未**

    例　有关安乐死的争论一直没有停止过。
    → 有关安乐死的争论从未停止过。

103

（1）我从来没有去过埃及，那是我梦想的旅游之地。

（2）大家不曾听说过他会开飞机的事情。

（3）战争的记忆始终没有从他的脑海中抹去。

2. 在某种意义上

例 从有的方面来说，人们不愿接受宠物安乐死，提出这种建议的医生，甚至会被称为"凶手"。
→ 在某种意义上，人们不愿接受宠物安乐死，提出这种建议的医生，甚至会被称为"凶手"。

（1）在一定情况下，病人的家人比病人本身还要痛苦。

（2）在一定的意义上，家庭环境对孩子的影响是非常巨大的。

（3）有的时候，人们更愿意跟陌生人说心里话。

3. 正如……所说

例 就像一位动物学家说的，有的时候，人类的仁慈反而会给动物带来极大的痛苦。
→ 正如一位动物学家所说，有的时候，人类的仁慈反而会给动物带来极大的痛苦。

（1）人们常说："熟读唐诗三百首，不会作诗也会吟。"自从爱上了唐诗，她的诗歌创作也越来越有进步。

第7课　无法回避的问题

（2）孔子说："三人行，必有我师焉。"在我的朋友中的确有很多能人。

_____

（3）英国的培根先生说过："知识就是力量。"我们在不断地学习中获得了知识，也增加了自信。

_____

_____

二 根据提示回答问题或讨论

1. 关于安乐死，很多人已经接受了怎样的观点？
   （最大程度上　痛苦　损失　有限　资源）

2. 为什么说接受安乐死是一件很难的事情？
   （虽然　直到……才……　合法　实行　而且　从未）

3. 人们是否能接受宠物安乐死？
   （在某种意义上　甚至　凶手）

4. 文中提到，有的动物学家如何看待宠物安乐死的问题？
   （仁慈　反而）

三 在后面的两个部分中，记者要采访一些人。如果你是记者，你打算采访哪些人？

第二部分

词语

1	网友*	wǎngyǒu	名	使用网络的人。也专指通过互联网交往的朋友。
2	确诊	quèzhěn	动	确切地诊断。

3	患	huàn	动	得（病）。
4	绝症*	juézhèng	名	不治之症。
5	依然	yīrán	副	仍然，和过去一样。
6	治疗	zhìliáo	动	用药物、手术等消除疾病。
7	半身不遂	bànshēn bùsuí		一种严重的疾病，身体一侧不能活动。
8	尽力	jìn lì		用一切力量。
9	责任	zérèn	名	职责范围内应做的事。
10	内心	nèixīn	名	心里头。
11	责怪	zéguài	动	责备，批评，埋怨。
12	肾*	shèn	名	肾脏；kidney。
13	衰竭	shuāijié	动	由于疾病严重而生理机能极度减弱。
14	眼睁睁*	yǎnzhēngzhēng	形	睁着眼看，多形容发呆、没有办法或无动于衷。
15	尽	jìn	动	完。
16	寻求*	xúnqiú	动	寻找追求。
17	咨询	zīxún	动	询问，征求意见。
18	狠心	hěnxīn	动	下定决心，不顾一切。
19	收养	shōuyǎng	动	把别人的儿女或者宠物当作自己的儿女或宠物来抚养。
20	无家可归	wú jiā kě guī		没有家可以回去。
21	奔跑	bēnpǎo	动	很快地跑。
22	玩耍	wánshuǎ	动	玩儿，做使自己精神愉快的活动；游戏。
23	残酷	cánkù	形	凶狠冷酷，没有人情味。
24	细致	xìzhì	形	精细周密。
25	封闭	fēngbì	动	不与外界接触。
26	外界	wàijiè	名	某个物体以外的空间或者某个集体以外的社会。
27	公平	gōngpíng	形	处理事情合情合理，不偏向任何一方。
28	与其	yǔqí	连	比较两件事而决定取舍的时候，"与其"用在放弃的一面（后边常用"不如"呼应）。
29	受罪	shòu zuì		受到折磨，也泛指遇到不愉快、不顺利的事。

第7课　无法回避的问题

30	解脱*	jiětuō	动	摆脱烦恼或痛苦。
31	意愿*	yìyuàn	名	愿望，心愿。
32	卑贱	bēijiàn	形	出身或者地位低下。
33	何况	hékuàng	连	用反问的语气表示更进一层的意思。
34	陪伴	péibàn	动	随同做伴。
35	不治之症*	búzhìzhīzhèng		医治不好的病。
36	抛弃	pāoqì	动	扔掉不要。

听力练习

一　听第一遍录音，选择正确答案

1. 记者采访了几位网民？
   A. 三位　　　　　B. 四位　　　　　C. 五位

2. 在几位网友自己养过宠物？
   A. 一位　　　　　B. 两位　　　　　C. 三位

二　听第二遍录音，填写表格

情况介绍和观点	人物			
	网友甲	网友乙	网友丙	网友丁
养过什么宠物				
宠物得过什么病				
宠物是否还活着				
对于宠物安乐死的看法				

三 根据录音选择合适的词语

1. 我_____养过一只小狗，在医生确诊它患上_____后，我依然没有_____对它的治疗。医生对我说，它_____好以后很可能会半身不遂。而我对医生说，只要它能_____着，不管它变成什么样子我都会尽力_____它。虽然小狗最终没有救活，但它让我意识到一种_____，一份发自内心的爱。

2. 我家16岁的老猫得了肾衰竭，这才发现要给它做出安乐死的决定是多么_____。我不愿_____看它死去，我想尽一切办法，四处_____帮助，甚至到处_____如何给猫换肾……

3. 我一生最大的愿望就是能收养所有_____的小猫小狗，但是想一想，如果家中有一只小狗，生下来就不能像_____小狗一样奔跑玩耍，这是多么_____的一件事啊！

4. 我不愿看到一个好好儿的_____就这样被执行安乐死。虽然它只是一只狗，但它也有自己的_____。相信没有人会_____放弃自己的生命，那我们又怎么知道这只狗_____主动放弃自己的生命呢？

口语练习

一 用所给词语改写句子并读一读

1. **尽**

   例 我想了各种各样的办法，四处寻求帮助。
   → 我想尽一切办法，四处寻求帮助。

   （1）他努力跑到了终点，体力已经耗完了。

   _____

   （2）我把所有的办法都想过了，还是没有希望把它救活。

   _____

第 7 课　无法回避的问题

（3）他用最后的力气把落水的儿童举出了水面。

_____

2. 与其……（还）不如……

例 让它永远睡去，早点儿从痛苦中解脱出来，比让它这样受罪好。
→ 与其这样受罪，还不如让它永远睡去，早点儿从痛苦中解脱出来。

（1）你这么痛苦，为什么不把你心里的想法告诉她？

_____

（2）买一双价格贵却质量好的鞋，比买这么多双便宜却穿不了几天的鞋强。

_____

（3）你一边写作业一边想着踢足球，还不如痛痛快快地踢一会儿足球再回来专心学习。

_____
_____

3. 何况

例 虽然它只是一只狗，但它的生命并不卑贱，再说，它还曾经陪伴过主人那么长时间。
→ 虽然它只是一只狗，但它的生命并不卑贱，更何况它还曾经陪伴过主人那么长时间。

（1）经济危机，使很多大工厂关门了，更不用说一般的小工厂了。

_____

（2）别生他的气了，他只是开玩笑而已，而且你是他的好朋友，你应该对他宽容一些。

_____
_____

（3）连小孩子都知道遵守交通规则，成年人就更应该遵守了。

_____

二 复述一下四位网民的说法并谈谈你的看法

甲	曾经　确诊　依然　放弃　只要　不管……都……　最终 意识　责任
乙	别说　据说　责怪　眼睁睁　想尽一切办法　寻求　甚至 下狠心
丙	愿望　收养　残酷　周到　封闭　接触 与其……还不如……　解脱
丁	不愿　意愿　相信　主动　放弃　何况　不治之症　抛弃
你的看法	

参考句式：
1. 我觉得他说的很有道理
2. 我很赞同他的说法
3. 我也有同感
4. 我不同意他的说法
5. 我有不同的看法

第三部分

 词语

7-7

1	溃烂	kuìlàn	动	伤口由于病菌的感染而化脓。
2	上药	shàng yào		把药涂抹在伤病处。
3	尖叫	jiānjiào	动	声音高而细地叫。
4	目不忍睹*	mùbùrěndǔ		形容景象十分凄惨，使人不忍心看。
5	艰难	jiānnán	形	困难。

第7课 无法回避的问题

6	坦白	tǎnbái	动	语言直率，如实地说出。
7	良知*	liángzhī	名	良心。
8	职责*	zhízé	名	职务和责任。
9	提醒	tí xǐng		从旁指点，促使注意。
10	认同*	rèntóng	动	赞同或者持相同看法。
11	静脉	jìngmài	名	把血液送回心脏的血管。与"动脉"相对。
12	注射	zhùshè	动	用注射器把药水输送到身体内。
13	麻醉剂	mázuìjì	名	能使人暂时失去知觉的药。
14	抑制	yìzhì	动	阻止大脑皮质的兴奋，减弱器官的活动。
15	其	qí	代	它，它的。
16	之内	zhī nèi		以内，里边。
17	临终*	línzhōng	动	人将要死（指时间）。
18	形体	xíngtǐ	名	身体（就外观说）。
19	真诚	zhēnchéng	形	真实诚恳，没有一点儿虚假。
20	免除*	miǎnchú	动	免去，除掉。
21	听从	tīngcóng	动	依照别人的意思行动。
22	安然*	ānrán	形	没有顾虑，很放心。
23	现行*	xiànxíng	形	现在通行的，现在有效的。
24	出台*	chū tái		（政策、措施等）公布或予以实施。
25	残疾	cánji	名	肢体、器官或其功能方面的缺陷。
26	处于	chǔyú	动	处在（某种地位或状态）。
27	两难	liǎngnán	形	这样或那样都有困难。
28	境地*	jìngdì	名	生活上或工作上遇到的情况。
29	流浪	liúlàng	动	生活没有依靠，到处转移，随处谋生。
30	遗弃	yíqì	动	抛弃，对自己应该抚养或者照顾的对象抛开不管。
31	负担	fùdān	名	承受的压力或者承担的责任、费用等。
32	早晚	zǎowǎn	副	或早或晚。
33	于心不忍	yú xīn bù rěn		不忍心。
34	杜绝*	dùjué	动	制止，消灭（坏事）。

听力练习

一 听第一遍录音，选择正确答案

7-8

在这一部分中，记者采访了哪两类人？
A. 宠物主人
B. 医生
C. 网民
D. 动物保护组织人员

二 听第二遍录音，判断对错

7-8

1. 医生甲讲了一只病猫的故事。　　　　　　　　　　　（　　）
2. 医生甲认为宠物安乐死是没有必要的。　　　　　　　（　　）
3. 医生乙说认同宠物安乐死的人很多。　　　　　　　　（　　）
4. 医生乙介绍了给宠物实行安乐死的方法。　　　　　　（　　）
5. 目前已经出台了和宠物安乐死相关的政策。　　　　　（　　）
6. 很多动物保护组织都处在十分矛盾的境地。　　　　　（　　）

口语练习

一 用所给词语或句式完成句子

1. **就这样**

   例 那只猫的皮肤已严重溃烂，而主人坚决不同意给它实行安乐死。所以，在每次为它上药时，它都会发出尖叫，让人目不忍睹。
   → 那只猫的皮肤已严重溃烂，而主人坚决不同意给它实行安乐死。就这样，在每次为它上药时，它都会发出尖叫，让人目不忍睹。

   （1）她本来一个汉字也不会写，但是她坚持每天学10个，_____
   _____。

（2）为了登上世界最高峰，他天天锻炼身体，提高自己的体能，_____
_____。

（3）为了不影响早晨的交通，清洁工人总是在6点以前上街打扫卫生，_____
_____。

2. 坦白地讲

例 坦率地说，在进行安乐死手术后，我的内心同样很难受。
→ 坦白地讲，在进行安乐死手术后，我的内心同样很难受。

（1）没有人喜欢考试，_____。

（2）看到小偷在偷东西，_____。

（3）感冒药对身体也有副作用，_____。

3. 其实……，只不过……

例 京城的许多宠物医院都有安乐死项目，但是认同者不太多。
→ 其实京城的许多宠物医院都有安乐死项目，只不过认同者不太多。

（1）_____他是一个非常有名的书画家，_____。

（2）_____我非常想把中国的名胜古迹走遍，_____。

（3）_____我非常愿意收养流浪猫，_____。

三 解释加点部分的含义并造句

1. 宠物安乐死，目前在我国主要是采取静脉注射麻醉剂使其深度麻醉，抑制呼吸而结束其生命的方法。

其：_____
_____
_____

2. 当宠物的病已经无法治好时，为减轻或免除它们的痛苦，请听从医生的建议，让它们安然离去。

   让它们安然离去：_____

   _____

   _____

3. 如何对待有残疾的动物，是需要我们正视和深入探究的问题。

   正视：_____

   _____

4. 现在很多动物保护组织都处于一种两难的境地中。

   处于一种两难的境地中：_____

   _____

三 根据提示回答问题

1. 为什么医生甲对一只病猫印象很深？
   （坚决不同意　目不忍睹）

2. 为什么那只病猫的主人不同意给它实行安乐死？
   （毕竟　做出选择　艰难）

3. 在中国，给宠物实行安乐死的主要方法是什么？
   （注射　麻醉　抑制　结束）

4. 医生乙提醒宠物主人什么？
   （当……时　免除　听从　安然）

5. 为什么很多动物保护组织都处于两难境地？
   （流浪　遗弃　负担　于心不忍）

6. 医生和动物保护组织者都希望什么？
   （根本上　杜绝　现象）

第 7 课　无法回避的问题

综合练习

一　找出下列词语的对应词并造句

例　不治之症→绝症→听医生说自己得了不治之症/绝症后，他几分钟都没说话。

1. 周到 → _____ → _____

2. 四处 → _____ → _____

3. 抛弃 → _____ → _____

4. 责任 → _____ → _____

5. 无家可归 → _____ → _____

二　小演讲：无法回避的问题——宠物的安乐死

步骤：
1. 梳理本课观点
2. 你的理解（三方面）
3. 小结

参考词语：
从未　在某种意义上　何况　处于两难境地

参考句式：
1. 通过以上调查，我们可以看出……

115

2. 与其……不如……
3. 正如……所说
4. 其实……，只不过……
5. 总而言之

三 小辩论：宠物的安乐死

要求：分正反两方，先进行讨论，准备好论据，然后进行10分钟的辩论。

辩题	主要论据
正方： 宠物安乐死是人道的	1. 2. 3.
反方： 宠物安乐死是不人道的	1. 2. 3.
参考词语	
寻求　意愿　良知　职责　临终　免除　安然　解脱　现行　正视　探究 杜绝　回避　有限　合法　涉及　仁慈　治疗　最终　尽力　责任　狠心 面临　残酷　受罪　抛弃　艰难　认同　残疾　遗弃　负担　眼睁睁 于心不忍　无家可归　目不忍睹　不治之症	

四 交流与讨论：你觉得还有哪些话题是无法回避的

1. 尽可能列出你能想到的话题
   如：西班牙斗牛问题　　　　　　_____
   　　拳击运动是否应该被取消　　_____
   　　用动物做实验是否人道　　　_____

2. 小组讨论，从中确定一个话题，大家交流看法
3. 总结本组观点
4. 小组代表向全班介绍

参考句式：
1. 本组认为
2. 尽管……但是……
3. 坦白地讲
4. 总而言之

第 8 课　体育与科技

听力录音

课前热身

1. 你喜欢做哪些体育运动？喜欢看什么体育比赛？
2. 下面两幅图中的健身器械你见过吗？说说它们的用处。

第8课　体育与科技

第一部分

词语

8-1

1	听众	tīngzhòng	名	听广播、演讲、演唱等的人。
2	活力	huólì	名	旺盛的生命力。
3	提出	tíchū	动	指出，举出，说到（某件事）让别人注意。
4	视野	shìyě	名	眼睛可以看到的范围。
5	主编	zhǔbiān	名	编辑工作的主要负责人；chief editor。
6	竞技	jìngjì	动	体育竞赛。
7	动脑筋	dòng nǎojīn		指思考。
8	想当然*	xiǎngdāngrán	动	凭主观推测，认为事情大概是或应该是这样。
9	推敲*	tuīqiāo	动	比喻斟酌字句，反复琢磨。
10	步幅	bùfú	名	走路或跑步时，一步的前后距离（幅度）。
11	步频	bùpín	名	走路或跑步时，迈步的快慢（频率）。
12	迈步子	mài bùzi		提起脚向前走或跑。
13	尝试*	chángshì	动	试，试验。
14	起眼儿	qǐyǎnr	形	引人注目。用于口语。
15	球拍	qiúpāi	名	用来打乒乓球、羽毛球、网球等的拍子。
16	有助于*	yǒuzhùyú	动	对……有帮助。
17	受伤	shòu shāng		受到损伤。
18	起码*	qǐmǎ	形	最低限度。
19	人身	rénshēn	名	指个人的生命、健康、行动、名誉等各方面。

听力练习

一 听第一遍录音,选择正确答案

8-2

1. 《体育早茶馆》是哪一种媒体上的节目?
   A. 电视　　　　　B. 广播　　　　　C. 网络

2. 一共有几位嘉宾参加了这个节目?
   A. 一位　　　　　B. 两位　　　　　C. 三位

3. 主持人说到了北京奥运会的哪一句口号?
   A. 绿色奥运　　　B. 科技奥运　　　C. 人文奥运

二 听第二遍录音,选择正确答案

8-2

1. 为什么雷先生要先介绍竞技体育的情况?
   A. 因为他不太了解其他情况
   B. 因为主持人说到了奥运会
   C. 因为主持人不了解奥运会

2. 竞技体育追求的是什么?
   A. 更快、更高、更强
   B. 更强、更快、更准
   C. 更快、更准、更高

3. 雷先生说,和过去相比,现在的训练方法增加了什么?
   A. 科学的实验　　B. 经验的积累　　C. 测量的工具

4. 雷先生认为,竞技体育中第一重要的研究工作是什么?
   A. 提高运动成绩　B. 利用新的材料　C. 保障人身安全

第 8 课　体育与科技

三　听第三遍录音，根据所听内容连线

8-2

A	B
一杯早茶，一天活力	竞技体育的目标
科技奥运	《体育早茶馆》节目主题
更快、更高、更强	运动最起码的要求
健康第一，安全第一	研制新材料高技术装备的目的
跑得更快，球打得更准	2008 年奥运会主题

口语练习

一　用所给词语完成句子

可见

例　北京奥运会提出了"科技奥运"的口号，说明科学技术和体育运动有很大关系。
→ 北京奥运会提出了"科技奥运"的口号，可见科学技术和体育运动有很大关系。

1. 北京让人感觉舒服自在，没什么约束，_____。（包容性）

2. 江州市中心的地面温度比郊区高10度，_____。（热岛效应）

3. 歌曲《常回家看看》一直流行到现在，_____。（亲情）

4. _____，可见，为了减肥而少吃饭是很危险的。（昏倒）

121

5. ＿＿＿＿＿＿＿＿＿＿＿＿＿＿＿＿＿＿＿＿＿，可见，全球气候确实发生了异常变化。（平均气温）

6. ＿＿＿＿＿＿＿＿＿＿＿＿＿＿＿，可见，＿＿＿＿＿＿＿＿＿＿＿＿＿＿＿。

二 用所给词语完成对话

既然说到了……，就……

例 A：2008年北京奥运会提出了"科技奥运"的口号，那么，体育运动在哪些方面受到了科技的影响？

  B：<u>既然说到了奥运会，我就</u>先跟大家谈谈竞技体育吧。

1. A：最近好像流行吃黑米、木耳等黑色食品，作为厨师您怎么看？

   B：＿＿＿＿＿＿＿＿＿＿＿＿，＿＿＿＿＿＿＿＿＿＿＿＿＿＿。

2. A：春天到了，很多人出现了花粉过敏的症状。刘大夫，您觉得有什么好办法吗？

   B：＿＿＿＿＿＿＿＿＿＿＿＿，＿＿＿＿＿＿＿＿＿＿＿＿＿＿。

3. A：新闻里说又有一座北极冰山滑进了海洋。赵教授，您认为气候变暖问题是不是已经非常严重了？

   B：＿＿＿＿＿＿＿＿＿＿＿＿，＿＿＿＿＿＿＿＿＿＿＿＿＿＿。

4. A：最近我市出现了越来越多生病的流浪猫，那么李院长，您现在对宠物安乐死的态度有变化吗？

   B：＿＿＿＿＿＿＿＿＿＿＿＿，＿＿＿＿＿＿＿＿＿＿＿＿＿＿。

三 根据提示回答问题

1. 过去的体育训练方法，主要的问题是什么？
   （想当然　经不起）

2. 现在的体育训练方法注重什么？
   （指导　实验　尝试）

第8课　体育与科技

3. 体育运动的新装备与旧装备在什么方面相同，在什么方面不同？
（不起眼儿　材料）

4. 为什么需要请医生一起参与平时的训练工作？
（受伤　起码的要求）

四　口语表达

1. 模拟主持人，复述开场白。

参考词语：
听众　活力　做客　嘉宾　专家

2. 为一个特定的场景设计一段简要的开场白（如法制节目、音乐比赛、书法比赛等）。

第二部分

词语

8-3

1	健身	jiànshēn	动	使身体健康。
2	政绩	zhèngjì	名	指政府官员工作的成果、业绩。
3	从中	cóngzhōng	副	在某事物或某些人中间。
4	实惠	shíhuì	名	实在的好处、利益。
5	有请	yǒuqǐng	动	主人邀请客人见面或出场。客套话。
6	全民	quánmín	名	一个国家内的全体人民。
7	不敢当	bùgǎndāng	动	表示承当不起对方的夸奖、招待等。表示谦虚。
8	本职工作	běnzhí gōngzuò		自己承担的任务，自己岗位上的工作。
9	而已*	éryǐ	助	罢了。
10	近些年	jìn xiē nián		最近的一些年。

11	陷入*	xiànrù	动	沉入，掉进（~困境：比喻处于困难的环境里）。
12	社区	shèqū	名	城镇中的居民区。
13	特定*	tèdìng	形	某一个（人、地方、事物等）。
14	唯一*	wéiyī	形	只有一个；独一无二。
15	场馆	chǎngguǎn	名	体育场和体育馆的合称。
16	不过	búguò	副	只是，仅仅是。
17	原有	yuányǒu	形	原来就存在的。
18	原地	yuándì	名	原来的地方。
19	造福*	zàofú	动	给人带来幸福。
20	民众*	mínzhòng	名	人民大众。
21	小区	xiǎoqū	名	城市中相对独立的、成片的居民住宅区。
22	成套	chéng tào		配合起来成为一整套。
23	设施	shèshī	名	为某种需要而在一个地方建立的建筑、设备等。
24	编写	biānxiě	动	整理已有的材料，写成文章或图书。
25	指南	zhǐnán	名	比喻辨别方向的依据或指导行为活动的资料。
26	居委会	jūwěihuì	名	居民委员会的简称。城镇居民区里的群众自治组织。
27	发放	fāfàng	动	（政府、机构等）把钱或东西等发给需要的人。
28	益处*	yìchù	名	对人或事物有利的因素，好处。
29	强健*	qiángjiàn	动	使（身体）强壮、健康。
30	体魄	tǐpò	名	人体的健康状况，体力、精力。
31	提法	tífǎ	名	说到、指出某事物的方式。
32	没法儿	méifǎr	动	没办法。用于口语。
33	共享*	gòngxiǎng	动	共同享用。
34	群策群力	qúncè-qúnlì		大家共同出主意，出力量。

第 8 课　体育与科技

听力练习

一　听第一遍录音，判断下面哪个信息是本部分的主要内容

8-4

A. 高科技在竞技体育中的应用
B. 江州市的全民健身情况
C. 盲目使用高科技的危害

二　听第二遍录音，选择正确答案

8-4

1. 池主任说"不敢当"是什么意思？
　　A. 他的政绩并不好　　　　　　　　　　B. 他的态度很谦虚

2. 池主任的本职工作是什么？
　　A. 举办体育竞赛　　　　　　　　　　　B. 管理群众健身活动

3. 池主任认为，城市全民健身事业的唯一出路是什么？
　　A. 鼓励发展具有科技含量的群众健身项目　　B. 高度重视财政的投入

4. "用知识强健体魄"是指什么？
　　A. 使用高科技的健身设施　　　　　　　B. 用科学的方法指导健身

三　听第三遍录音，选择正确答案

8-4

1. 主持人把普通老百姓的体育活动叫作什么？
　　A. 群众健身　　　　　　B. 全民健身　　　　　　C. 大众健身

2. 江州市对体育场馆做了哪方面的建设？
　　A. 规划建设用地　　　　B. 新建体育场馆
　　C. 原地改造已有的体育馆

3. 池主任认为，城市里的中老年人在哪里锻炼身体最方便？
　　A. 市中心　　　　　　　B. 居民小区　　　　　　C. 街道居委会

4. 下面哪一项不是江州市发展民众健身项目的方法？
　　A. 新建体育馆　　　　　B. 在居民小区健身
　　C. 免费发放《城市居民日常锻炼指南》

5. 按照主持人的总结,"教育跟不上"会导致什么后果?
   A. 健身设施得不到共享　　　B. 科学技术将很难发展
   C. 群众不懂得科技知识

口语练习

一 用所给词语完成对话

……不敢当,……而已

例 A:听说您在全民健身工作方面政绩非常突出,能给大家介绍一下吗?
　　B:<u>政绩不敢当,做好本职工作而已。</u>

1. A:听说你是个"中国通",中国的事情你都知道,是吗?
　　B:_____不敢当,_____而已。(中国文化)

2. A:这些美好的句子是您写的?那么您一定是一位诗人了!
　　B:_____。(生活感想)

3. A:我妹妹说,她也想当护士,成为像你一样的白衣天使!
　　B:_____。(本职工作)

4. A:我没猜错的话,你在给这家摄影俱乐部当模特儿,对不对?
　　B:_____。(让人拍照)

二 用所给句式改写句子

……再……,要是不……,那也没法儿/不可能/很难……

例 科学技术再发达,要是不把教育跟上,大家都不懂,不知道,那也没法儿共享实惠了。

1. 要在每天的生活中保持活力,既要从食物中获得充足的营养,也要经常运动健身。

_____

2. 要在最短时间内到达目的地，既要有最便利的交通工具，也要懂得选择最佳路线。

　　_____

　　_____

3. 要成为合格的儿童外语教师，既要会讲标准的外语，也要掌握儿童的心理特点。

　　_____

　　_____

4. 要收养那些被抛弃的小狗，既要有强烈的爱心，也要拥有足够的金钱和空闲的时间。

　　_____

　　_____

三 根据提示回答问题

1. 江州市在解决群众健身问题上遇到的困境是什么？
   （土地　人口）

2. 为什么要在城市的居民小区安装健身设施？
   （就近　锻炼）

3. 江州市用什么办法在市民当中宣传科学健身知识？
   （编写　发放）

4. 江州市能在城市社区做好全民健身工作的原因是什么？
   （群策群力）

四 口语表达

1. 普通老百姓平常的运动健身，跟高科技有多大的关系？
2. 江州市在全民健身方面有什么突出政绩？
3. 什么是"用知识强健体魄"？谈谈你的看法。

第三部分

词语

8-5

1	像	xiàng	副	和……情况非常相似，非常像。
2	提到	tídào	动	谈论到，说到（某事物或话题）。
3	权威	quánwēi	形	具有使人相信并佩服的力量和威望的。
4	简要	jiǎnyào	形	简单并能抓住要点的。
5	恶意*	èyì	名	坏的用意，不良的居心。
6	滥用*	lànyòng	动	胡乱地过度使用。
7	无穷*	wúqióng	动	没有穷尽、没有限度。
8	祸害*	huòhai	名	祸事，引起灾难的人或事物。
9	不得人心*	bù dé rén xīn		得不到众人的感情、支持等。
10	兴奋剂	xīngfènjì	名	能够改变运动员的身体条件和精神状态的某些物质，也会损害人的身心健康，破坏比赛的公平；stimulant。
11	名次	míngcì	名	按照一定标准排列的姓名或事物名称的顺序。
12	出于*	chūyú	动	从某种立场、态度出发。
13	谴责*	qiǎnzé	动	责备，严正申斥。
14	行径	xíngjìng	名	行为，举动（多指坏的）。
15	聘请	pìnqǐng	动	请人承担工作或担任职务。
16	一流	yīliú	形	第一等的，最好的一类。
17	检测	jiǎncè	动	检查测试。
18	赛场	sàichǎng	名	比赛的场所。
19	是是非非*	shìshìfēifēi	名	"是非"的重叠式。指事理的正确和错误。
20	论断*	lùnduàn	名	推论判断。
21	比方	bǐfang	动	比如，引出举例。
22	选手	xuǎnshǒu	名	被推荐或被选择参加比赛的人。

第8课　体育与科技

23	内在*	nèizài	形	事物本身所固有的（跟"外在"相对）。
24	同类*	tónglèi	形	类别相同。
25	不休*	bùxiū	动	不停止。
26	赞同*	zàntóng	动	赞成，同意。
27	妄*	wàng	副	非分地，出了常规地，胡乱地。
28	划分*	huàfēn	动	把整体分成几部分。
29	人性*	rénxìng	名	人的本性。
30	界限*	jièxiàn	名	不同事物的分界。
31	再次	zàicì	副	第二次，又一次。
32	不息	bù xī		形容不停止、不休息。
33	关注*	guānzhù	动	关心重视。
34	收听	shōutīng	动	听（广播）。
35	再会	zàihuì	动	再见。
36	锁定	suǒdìng	动	使（位置或样子）固定不动、不变。

听力练习

8-6

一　听第一遍录音，选择正确答案

1. 刘教授在东方体育大学的哪个系工作？
　　A. 社会体育管理系　　B. 体育社会科学系　　C. 大学体育科学系

2. 刘教授说的"有的人吃药"是指什么？
　　A. 有的人使用兴奋剂　　B. 有的人生了病吃药　　C. 有的人被要求吃药

3. 刘教授认为，兴奋剂的害处是什么？
　　A. 让人力气过大　　B. 让人没有精神　　C. 损害人体健康

4. 为什么主持人说"不要离开！广告之后还有精彩节目"？
　　A. 这个节目不够精彩　　B. 广告的内容很精彩　　C. 后面还有其他节目

129

二 听第二遍录音，选择正确答案

1. 刘教授对"有的游泳选手穿上了某种特殊材料制成的游泳衣就能游得更快"的态度是什么？
   A. 他自己的力气很大　　B. 游泳衣的帮助很大
   C. 不好说什么是最主要的原因

2. 刘教授不赞同什么样的做法？
   A. 排斥一切新事物　　B. 谴责使用兴奋剂的人
   C. 聘请专家检测兴奋剂

3. 刘教授说的"人性"是指什么？
   A. 人的健康与安全　　B. 人体的内在力量　　C. 人们的恶意行径

4. 为了维护体育精神，人们一致认为应该怎么做？
   A. 大家都用新装备　　B. 谁也别用新装备　　C. 谁也别吃兴奋剂

5. 主持人在最后总结的时候提出了什么建议？
   A. 要用科技来维护体育精神
   B. 要划分科技与人性的界限
   C. 要思考和关注科技的发展

三 根据录音选择合适的词语

　　主持人说得很对，科学技术的发展如果被人_____滥用，也会给体育事业带来无穷的祸害。其中最_____的，恐怕要算兴奋剂了。运动员吃了兴奋剂，就能更有力气，也更有精神，_____获得更好的成绩和名次，可是这类药物同时又会严重_____人体健康。有的人吃，有的人不吃，比赛就不公平了。为了_____真正的体育精神，也是_____保护运动员的目的，世界各国不仅一致_____这种行径，而且聘请一流的专家来研究怎么_____兴奋剂，好还给观众们一个健康而_____的体育赛场。相比之下，还有一类问题的_____就不太好随便论断了，比方说，有的游泳选手穿上了某种特殊_____制成的游泳衣，就能游得更快。你说，这到底是人体的

第8课 体育与科技

_____力量，还是衣服的外在功劳？随着科技的发展，_____同类问题，人们肯定还会_____不休。我不赞同对这些新事物妄加_____，但也认为应当_____划分用科技提高体育成绩与"人性"之间的界限。

口语练习

一 根据提示回答问题

1. 对于使用兴奋剂，世界各国的态度是怎样的？
（谴责　行径　聘请　检测）

2. 为什么全世界一致禁止使用兴奋剂？
（维护　出于）

3. 对于游泳选手穿着特殊材料的游泳衣，人们争论的焦点是什么？
（人体　衣服）

4. 对于体育科技中一些争论不休的问题，刘教授的态度是什么？
（排斥　谨慎　界限）

二 读下面这段话，注意各句之间的衔接，特别是关联词语的使用

　　主持人说得很对，科学技术的发展如果被人恶意滥用，也会给体育事业带来无穷的祸害。其中最不得人心的，恐怕要算兴奋剂了。运动员吃了兴奋剂，就能更有力气，也更有精神，从而获得更好的成绩和名次，可是这类药物同时又会严重损害人体健康。有的人吃，有的人不吃，比赛就不公平了。为了维护真正的体育精神，也是出于保护运动员的目的，世界各国不仅一致谴责这种行径，而且聘请一流的专家来研究怎么检测兴奋剂，好还给观众们一个健康而公平的体育赛场。相比之下，还有一类问题的是是非非就不太好随便论断了，比方说，有的游泳选手穿上了某种特殊材料制成的游泳衣，就能游得更快。你说，这到底是人体的内在力量，还是衣服的外在功劳？随着科技的发展，围绕同类问题，人们肯定还会争论不休。我不赞同对这些新事物妄加排斥，但也认为应当谨慎划分用科技提高体育成绩与"人性"之间的界限。

三 就下列话题谈谈你的看法

1. 电子游戏
   （放松　培养　观察力　注意力　耽误　损害　视力　听力　紧张　睡眠）

2. 网上购物
   （方便　便宜　节省　电脑操作　网上支付　挑选　快递　退货　欺骗）

3. 极限运动
   （时尚　新潮　惊险　刺激　难度　模仿　事故　装备　质量）

4. 安乐死
   （绝症　放弃　减轻　意愿　执行　谋杀　权利　义务　回避　道德　立法）

5. 环境保护
   （大气　海洋　矿产　生态　资源　利用　开发　珍惜　节约　宣传　行动）

参考句式：

1. 如果……也……
2. 其中最……恐怕要算……了
3. 从而
4. 更……也更……
5. 为了……也是出于……
6. 不仅……而且……
7. 好（表示目的）
8. 相比之下
9. 比方说
10. 你说，这到底是……还是……
11. 随着
12. 我不赞同……但也认为……

第 8 课　体育与科技

综合练习

一　小辩论：人工智能的影响

提示：科学技术的展给我们的生活带来了许多变化，其中既有正面帮助，也有负面影响，人工智能就是如此，比如机器人、无人驾驶汽车等。说说你对人工智能的看法。

要求：正反双方，分头准备论据，利用参考句式和本课内容。辩论时间为10分钟。

正方观点：人工智能造福人类	反方观点：人工智能将毁灭人类
论据 1. _____ 2. _____ 3. _____	论据 1. _____ 2. _____ 3. _____
结论	结论

参考句式：

1. 我方认为……
2. 我不赞同对方的观点，理由是……
3. 既然对方说到了……，那么……
4. 您说的有道理，但是……
5. 我同意您的说法，不过您是否考虑过……
6. 我注意到一个现象，那就是……
7. 正像……提到的……
8. ……，可见……
9. 再……
10. 要是……那也没法儿/不可能/很难……

二 模拟采访

题　　目：体育科技周

参加人员：运动员、教练、裁判、工程师、医生、政府官员、大学教授、杂志社编辑、普通市民

采 访 人：新活力体育台《科技访谈》节目的记者

要　　求：一人扮演参加人员，一人扮演记者

采访题目：

1. 如果你是运动员，你希望有哪些科技知识和成果可以提高你的成绩，或者保障你的安全？

2. 如果你是裁判，对于那些可能影响比赛成绩的科技成果，你有什么看法和要求？

3. 如果你是政府官员，你有没有什么新的工作计划，可以让更多的人共享科技发展的成果？

4. 如果你是普通市民，你对体育科技周的什么新事物感兴趣？你希望了解哪些方面的科技知识？

5. 如果你是……

三 调查与思考

题目：科技对日常生活的影响

可提出的问题	参考词语或句式
1. 科技对你的日常生活有很大影响吗？如果影响不大，原因是什么？	总的来说　基本上　大体上　巨大　全面　深刻　不明显　很有限　这大概跟……不无关系
2. 科技对你的衣食住行有什么样的影响？你觉得哪些是好的？哪些不太好？	……的发展显然对……大有帮助　十分不利　有所影响　有助于……
3. 科技对你的健康、娱乐、学习、社会交往有什么影响？哪些是好的？哪些不太好？	因为……的出现，开始借助……原本习惯的……由于……而不得不……

第 8 课　体育与科技

（续表）

可提出的问题	参考词语或句式
4. 你是怎么发现或注意到这些影响的？你通过什么人或什么媒体了解这些影响？	……对……产生了直接的影响 做梦也没想到……　原来是这么回事 由于……的出现……才…… 后来……从……了解到，正是……导致了…… 通过……掌握……
5. 对于科学技术的负面影响，你有什么解决办法吗？你觉得应该由谁负责解决这些问题？	我承认，我从来没考虑过…… 对于……梦想着以后有机会去…… 当务之急不在于……而在于…… ……和……都应当对……负起责任来
6. 你希望科学技术会对你的日常生活能产生哪些影响？	虽然更习惯……但也欢迎……［而不排斥……］ 作为……我的立场是：不管……，只要……就…… 最关心的是……能让……更……［而不至于更……］

要求：向全班报告，时间10分钟。不管是报告、评论还是补充，都要尽可能清楚、连贯、完整地表达你的意思。

参考句式：

1. 他认为……　但我认为……　因为……
2. 对于……　我倒是觉得……　因为……
3. 他提到了……　其实……
4. 他说只要……就……　但我觉得还要……才行
5. 我有不同看法
6. 虽然听上去有道理，但是仔细想想……
7. 还有另一个方面不容忽视，那就是……
8. 一方面……另一方面……
9. 简而言之
10. 总之／总而言之
11. 归根结底
12. 一句话

词语总表

A

唉	ài	5
安家落户	ānjiā-luòhù	6
安乐死 *	ānlèsǐ	7
安然 *	ānrán	7
案例	ànlì	4
昂贵 *	ángguì	4
熬	áo	3

B

班门弄斧	bānmén-nòngfǔ	5
半身不遂	bànshēn bùsuí	7
伴奏	bànzòu	3
榜样	bǎngyàng	4
包容 *	bāoróng	1
包容性	bāoróngxìng	2
保持	bǎochí	4
保留	bǎoliú	4
卑贱	bēijiàn	7
北极	běijí	6
北极圈	běijíquān	6
北极熊	běijíxióng	6
辈子	bèizi	5
奔跑	bēnpǎo	7
本职工作	běnzhí gōngzuò	8
崩塌	bēngtā	6
蹦	bèng	5
比方	bǐfang	8
比喻 *	bǐyù	1
闭塞	bìsè	2
编写	biānxiě	8
遍布 *	biànbù	3
标题	biāotí	4
别名	biémíng	1
别无他法	bié wú tā fǎ	5
冰层	bīngcéng	6
冰川	bīngchuān	6
冰盖	bīnggài	6
波动	bōdòng	6
播放	bōfàng	1
捕猎	bǔliè	6
捕食	bǔshí	6
哺乳动物	bǔrǔ dòngwù	6
不打不成交	bù dǎ bù chéng jiāo	2
不得人心 *	bù dé rén xīn	8
不敢当	bùgǎndāng	8
不过	búguò	8
不禁	bùjīn	5

不堪一击 *	bùkānyìjī	1
不可思议	bùkě-sīyì	4
不息	bù xī	8
不休 *	bùxiū	8
不已	bùyǐ	5
不以为然	bùyǐwéirán	4
不知不觉	bùzhī-bùjué	5
不治之症 *	búzhìzhīzhèng	7
步幅	bùfú	8
步频	bùpín	8

C

采访	cǎifǎng	4
参考	cānkǎo	4
参与 *	cānyù	2
残疾	cánji	7
残酷	cánkù	7
沧海桑田	cānghǎi-sāngtián	4
草根 *	cǎogēn	3
层次	céngcì	2
差异 *	chāyì	5
插	chā	4
诧异	chàyì	5
拆除 *	chāichú	4
产业 *	chǎnyè	4
尝试 *	chángshì	8
场馆	chǎngguǎn	8
场所	chǎngsuǒ	6
超越 *	chāoyuè	1
巢穴	cháoxué	6

陈旧 *	chénjiù	4
成套	chéng tào	8
成就	chéngjiù	4
成语	chéngyǔ	5
呈现	chéngxiàn	2
城市观	chéngshìguān	2
持续	chíxù	4
冲撞	chōngzhuàng	2
崇拜	chóngbài	3
宠物	chǒngwù	7
出发点	chūfādiǎn	6
出台 *	chū tái	7
出于 *	chūyú	8
除非	chúfēi	3
处于	chǔyú	7
传承 *	chuánchéng	1
创业 *	chuàngyè	3
垂直	chuízhí	4
从未	cóngwèi	7
从容	cóngróng	4
从中	cóngzhōng	8
存在	cúnzài	4
寸土寸金 *	cùntǔ-cùnjīn	4

D

打牌	dǎ pái	2
打听	dǎting	4
大都市 *	dà dūshì	2
大惑不解	dàhuò-bùjiě	5
大惊小怪	dàjīng-xiǎoguài	2

词语总表

大排档	dàpáidàng	2		方块字	fāngkuàizì	5
大有人在 *	dàyǒu-rénzài	1		方言	fāngyán	1
得失	déshī	3		方言土语	fāngyán-tǔyǔ	1
的确	díquè	4		仿佛	fǎngfú	4
抵达	dǐdá	6		放眼	fàngyǎn	4
地段	dìduàn	2		废墟	fèixū	4
地盘	dìpán	3		分	fēn	4
颠覆 *	diānfù	1		分辨	fēnbiàn	1
点染	diǎnrǎn	4		氛围 *	fēnwéi	2
店铺	diànpù	2		封闭	fēngbì	7
动脑筋	dòng nǎojīn	8		缝纫机 *	féngrènjī	3
动辄	dòngzhé	4		负担	fùdān	7
冻结	dòngjié	6		附庸	fùyōng	3
冻土	dòngtǔ	6		覆盖	fùgài	6
栋	dòng	4				
杜绝 *	dùjué	7		**G**		
断裂	duànliè	3		概率	gàilǜ	2
				感慨	gǎnkǎi	4
E				个案	gè'àn	3
恶意 *	èyì	8		各异 *	gèyì	2
欸	ēi	5		各种各样	gè zhǒng gè yàng	6
而已 *	éryǐ	8		公平	gōngpíng	7
耳濡目染	ěrrú-mùrǎn	5		公众号	gōngzhònghào	4
				共享 *	gòngxiǎng	8
F				估计	gūjì	4
发放	fāfàng	8		鼓足勇气	gǔzú yǒngqì	5
发音	fāyīn	1		关注 *	guānzhù	8
发源地 *	fāyuándì	2		冠 *	guàn	3
番	fān	4		广度	guǎngdù	4
繁华	fánhuá	2		规划	guīhuà	4
反倒	fǎndào	4				

词语总表

锅穴	guōxué	6
国度*	guódù	7
过气	guò qì	3

H

海岸	hǎi'àn	6
海鸠	hǎijiū	6
海平面	hǎipíngmiàn	6
海外	hǎiwài	3
海象	hǎixiàng	6
海域	hǎiyù	6
寒暄	hánxuān	3
罕见*	hǎnjiàn	4
何况	hékuàng	7
狠心	hěnxīn	7
衡量*	héngliáng	2
忽略	hūlüè	4
胡椒	hújiāo	1
花椒	huājiāo	1
滑行	huáxíng	6
划分*	huàfēn	8
怀疑	huáiyí	5
环境	huánjìng	6
环绕	huánrào	6
患	huàn	7
黄金地段	huángjīn dìduàn	4
恍然大悟	huǎng rán dà wù	5
灰心丧气	huīxīn-sàngqì	5
回避	huíbì	7
浑然忘我	húnrán wàngwǒ	2

魂	hún	2
活力	huólì	8
活像	huóxiàng	4
火暴	huǒbào	2
火柴棍儿	huǒcháigùnr	4
或许	huòxǔ	6
祸害*	huòhai	8

J

基于	jīyú	4
机遇	jīyù	3
家务	jiāwù	3
极为	jíwéi	4
嘉宾	jiābīn	4
尖叫	jiānjiào	7
间接	jiànjiē	6
艰难	jiānnán	7
兼容*	jiānróng	2
检测	jiǎncè	8
简要	jiǎnyào	8
建设	jiànshè	4
健身	jiànshēn	8
降水量*	jiàngshuǐliàng	6
胶水	jiāoshuǐ	4
椒盐	jiāoyán	1
叫苦不迭	jiào kǔ bù dié	5
街道	jiēdào	4
阶梯	jiētī	4
揭晓	jiēxiǎo	4
解脱*	jiětuō	7

界限*	jièxiàn	8
借助	jièzhù	3
津津有味	jīn jīn yǒu wèi	5
尽	jìn	7
尽力	jìn lì	7
近些年	jìn xiē nián	8
井底之蛙	jǐngdǐzhīwā	5
景观*	jǐngguān	2
竞技	jìngjì	8
静脉	jìngmài	7
境地*	jìngdì	7
迥异*	jiǒngyì	4
就业	jiù yè	3
迥异	jiǒng yì	4
拘泥	jūnì	3
居委会	jūwěihuì	8
居住地	jūzhùdì	2
具*	jù	2
绝症*	juézhèng	7
均	jūn	3

K

开裂	kāiliè	6
看重	kànzhòng	2
考虑	kǎolǜ	4
考证*	kǎozhèng	1
可谓*	kěwèi	2
苦不堪言	kǔ bù kān yán	5
苦思冥想	kǔsī-míngxiǎng	5
苦头	kǔtóu	5
苦心	kǔxīn	3
夸张	kuā zhāng	4
跨国公司	kuàguó-gōngsī	3
快速*	kuàisù	6
宽容*	kuānróng	2
宽松	kuānsōng	2
款式	kuǎnshì	2
况且	kuàngqiě	2
矿物	kuàngwù	6
溃烂	kuìlàn	7

L

来着	láizhe	1
拦路虎	lánlùhǔ	5
滥用*	lànyòng	8
雷动	léidòng	2
类似	lèisì	4
冷落	lěngluò	2
良知*	liángzhī	7
两肋插刀	liǎnglèi-chādāo	2
两难	liǎngnán	7
林立*	línlì	4
临终*	línzhōng	7
令人瞩目	lìng rén zhǔ mù	4
流浪	liúlàng	7
流星*	liúxīng	3
流域*	liúyù	2
龙马精神	lóngmǎ-jīngshén	2
路径*	lùjìng	3
轮	lún	2

论断 *	lùnduàn	8
屡战屡败	lǚ zhàn lǚ bài	5
绿化 *	lǜhuà	2

M

麻醉剂	mázuìjì	7
迈步子	mài bùzi	8
茅塞顿开	máosè-dùnkāi	5
没法儿	méifǎr	8
媒体	méitǐ	1
煤炉	méilú	2
门面	ménmian	4
密集	mìjí	4
绵延	miányán	6
免	miǎn	5
免除 *	miǎnchú	7
面积	miànjī	4
灭顶之灾	mièdǐngzhīzāi	6
灭绝 *	mièjué	6
民众 *	mínzhòng	8
名次	míngcì	8
明明	míngmíng	5
明星 *	míngxīng	2
莫大	mòdà	3
莫名其妙	mòmíngqímiào	5
谋杀 *	móushā	7
某	mǒu	7
目不忍睹 *	mùbùrěndǔ	7
目的	mùdì	4

N

南极	nánjí	6
南腔北调	nánqiāng-běidiào	1
闹市区	nàoshìqū	4
内涵 *	nèihán	5
内陆	nèilù	2
内心	nèixīn	7
内在 *	nèizài	8
扭曲 *	niǔqū	1
奴	nú	3

P

排放	páifàng	6
排名 *	pái míng	2
排外	páiwài	2
盼头	pàntou	3
抛弃	pāoqì	7
抛砖引玉	pāozhuān-yǐnyù	4
泡菜	pàocài	1
陪伴	péibàn	7
捧腹大笑	pěng fù dà xiào	5
偏偏	piānpiān	5
品位 *	pǐnwèi	3
品质	pǐnzhì	4
聘请	pìnqǐng	8
平台 *	píngtái	6
评书	píngshū	1

Q

期待	qīdài	3

蹊跷 *	qīqiao	4
其	qí	7
奇妙	qímiào	5
杞人忧天 *	qǐrén-yōutiān	4
起伏	qǐfú	6
起码 *	qǐmǎ	8
起眼儿	qǐyǎnr	8
气息	qìxī	2
气质 *	qìzhì	2
前往	qiánwǎng	6
浅陋	qiǎnlòu	3
谴责 *	qiǎnzé	8
强健 *	qiángjiàn	8
强调	qiángdiào	4
青蛙	qīngwā	5
轻微	qīngwēi	3
情愫	qíngsù	3
球拍	qiúpāi	8
屈服	qūfú	2
取笑 *	qǔxiào	1
权威	quánwēi	8
全民	quánmín	8
全球	quánqiú	6
确实	quèshí	4
确诊	quèzhěn	7
群策群力	qúncè-qúnlì	8

R

热衷	rèzhōng	3
人道 *	réndào	7
人身	rénshēn	8
人文 *	rénwén	2
人性 *	rénxìng	8
人种	rénzhǒng	3
仁慈	réncí	7
认同 *	rèntóng	7
韧性	rènxìng	2
融化	rónghuà	6
如此	rúcǐ	5
入侵 *	rùqīn	1
润滑	rùnhuá	6
弱势	ruòshì	3

S

赛场	sàichǎng	8
丧失	sàngshī	4
山头	shāntóu	6
善意	shànyì	2
上药	shàng yào	7
少数民族	shǎoshù mínzú	3
设施	shèshī	8
社区	shèqū	8
涉及	shèjí	3
肾 *	shèn	7
甚至	shènzhì	5
生态 *	shēngtài	4
省会 *	shěnghuì	2
诗意	shīyì	4
实惠	shíhuì	8
食物链	shíwùliàn	6

市场经济	shìchǎng jīngjì	2
视频	shìpín	4
市民 *	shìmín	2
市容 *	shìróng	4
试图 *	shìtú	2
视为	shìwéi	6
视野	shìyě	8
是是非非 *	shìshìfēifēi	8
收听	shōutīng	8
收养	shōuyǎng	7
受害者	shòuhàizhě	6
受伤	shòu shāng	8
受罪	shòu zuì	7
束缚	shùfù	3
衰竭	shuāijié	7
水稻	shuǐdào	4
水流	shuǐliú	6
搜	sōu	4
搜肠刮肚	sōucháng-guādù	5
随着	suízhe	3
锁定	suǒdìng	8
所谓	suǒwèi	4

T

他处	tāchù	4
抬举	táiju	2
坍	tān	6
坦白	tǎnbái	7
探险	tàn xiǎn	6
掏心掏肺	tāoxīn-tāofèi	2

特定 *	tèdìng	8
特色	tèsè	4
提出	tíchū	8
提到	tídào	8
提法	tífǎ	8
体现	tǐxiàn	4
提醒	tí xǐng	7
体魄	tǐpò	8
体验 *	tǐyàn	3
天地	tiāndì	3
挑战	tiǎo zhàn	6
听从	tīngcóng	7
听众	tīngzhòng	8
同类 *	tónglèi	8
同事 *	tóngshì	1
童话	tónghuà	5
透过	tòuguò	4
突显	tūxiǎn	3
徒劳无功	túláo-wúgōng	5
推崇 *	tuīchóng	1
推敲 *	tuīqiāo	8
脱口而出	tuōkǒu'érchū	5

W

外界	wàijiè	7
外来 *	wàilái	2
外星人 *	wàixīngrén	1
玩耍	wánshuǎ	7
王子	wángzǐ	5
网络 *	wǎngluò	1

网友 *	wǎngyǒu	7
网站	wǎngzhàn	6
妄 *	wàng	8
旺盛	wàngshèng	2
望文生义 *	wàngwén-shēngyì	5
危及 *	wēijí	6
唯一 *	wéiyī	8
未来	wèilái	4
未知数	wèizhīshù	6
位居 *	wèijū	2
味儿	wèir	1
问世	wènshì	3
无地自容	wúdì-zìróng	5
无家可归	wú jiā kě guī	7
无穷 *	wúqióng	8
无视 *	wúshì	3
无意	wúyì	2
五花八门	wǔhuā-bāmén	4

X

溪流	xīliú	6
习以为常	xíyǐwéicháng	4
细微	xìwēi	5
细致	xìzhì	7
弦外之音	xiánwàizhīyīn	5
现行 *	xiànxíng	7
陷入 *	xiànrù	8
相比 *	xiāngbǐ	4
相去甚远	xiāng qù shèn yuǎn	6
相遇	xiāngyù	1
享乐	xiǎnglè	3
想当然 *	xiǎngdāngrán	8
像	xiàng	8
消防	xiāofáng	4
消融	xiāoróng	6
萧条	xiāotiáo	2
小品	xiǎopǐn	1
小区	xiǎoqū	8
新生代 *	xīnshēngdài	1
信息量	xìnxīliàng	2
兴奋剂	xīngfènjì	8
型	xíng	4
形体	xíngtǐ	7
行径	xíngjìng	8
凶手	xiōngshǒu	7
胸有成竹	xiōngyǒuchéngzhú	5
休闲	xiūxián	3
需求 *	xūqiú	1
悬崖峭壁	xuányá-qiàobì	6
选手	xuǎnshǒu	8
血统 *	xuètǒng	3
寻求 *	xúnqiú	7
询问	xúnwèn	4
迅速	xùnsù	4
讯息	xùnxī	2

Y

言简意赅	yánjiǎn-yìgāi	5
眼花缭乱	yǎnhuā-liáoluàn	5
眼睁睁 *	yǎnzhēngzhēng	7

词语总表

洋腔洋调	yángqiāng-yángdiào	1
养育	yǎngyù	3
要么	yàome	1
一筹莫展	yìchóu-mòzhǎn	5
一度	yídù	3
一家子	yìjiāzi	1
一流	yīliú	8
一窍不通	yíqiào-bùtōng	5
衣着	yīzhuó	2
一头雾水	yì tóu wùshuǐ	4
依次 *	yīcì	2
依然	yīrán	7
依稀	yīxī	4
贻笑大方	yíxiào-dàfāng	5
移民 *	yímín	2
遗弃	yíqì	7
以往	yǐwǎng	6
艺人	yìrén	1
抑制	yìzhì	7
益处 *	yìchù	8
意愿 *	yìyuàn	7
因素	yīnsù	4
引	yǐn	5
引发 *	yǐnfā	4
引以为傲 *	yǐnyǐwéi'ào	1
隐患	yǐnhuàn	4
印证	yìnzhèng	3
应运而生	yìngyùn'érshēng	1
永久	yǒngjiǔ	6
优惠 *	yōuhuì	2

悠闲	yōuxián	4
游客	yóukè	5
友善	yǒushàn	6
有谱儿	yǒu pǔr	1
有请	yǒuqǐng	8
有幸	yǒuxìng	4
有助于 *	yǒuzhùyú	8
于心不忍	yú xīn bù rěn	7
与其	yǔqí	7
原本 *	yuánběn	1
原地	yuándì	8
元素	yuánsù	4
原有	yuányǒu	8
原汁原味	yuánzhī-yuánwèi	1
愿景	yuànjǐng	3
约定俗成	yuēdìng-súchéng	1
约束 *	yuēshù	2
蕴含	yùnhán	4
云里雾里	yúnlǐ-wùlǐ	5

Z

载	zǎi	3
再次	zàicì	8
再会	zàihuì	8
赞同 *	zàntóng	8
早晚	zǎowǎn	7
造成 *	zàochéng	6
造福 *	zàofú	8
责怪	zéguài	7
责任	zérèn	7

145

乍	zhà	4
宅	zhái	3
窄	zhǎi	4
粘连	zhānlián	4
展开	zhǎnkāi	4
展示 *	zhǎnshì	1
展现	zhǎnxiàn	3
掌声	zhǎngshēng	2
真诚	zhēnchéng	7
阵	zhèn	5
正中央	zhèngzhōngyāng	4
正宗	zhèngzōng	1
政绩	zhèngjì	8
之	zhī	5
之内	zhī nèi	7
支	zhī	2
只可意会，不可言传	zhǐ kě yìhuì, bù kě yánchuán	5
值得	zhídé	4
职责 *	zhízé	7
植被	zhíbèi	4
直观	zhíguān	4
指南	zhǐnán	8

治理	zhìlǐ	4
治疗	zhìliáo	7
致富	zhìfù	3
中坚	zhōngjiān	3
主编	zhǔbiān	8
主持人	zhǔchírén	2
主干道	zhǔgàndào	4
主义	zhǔyì	2
注射	zhùshè	7
装腔作势	zhuāngqiāng-zuòshì	2
追捧	zhuīpěng	3
捉迷藏	zhuōmícáng	5
咨询	zīxún	7
自成一派	zìchéngyípài	2
自由自在	zìyóu-zìzài	3
字斟句酌	zìzhēn-jùzhuó	5
总体 *	zǒngtǐ	6
纵横 *	zònghéng	4
族群	zúqún	3
最终 *	zuìzhōng	6

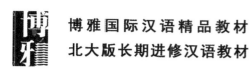

博雅国际汉语精品教材
北大版长期进修汉语教材

博雅汉语听说·高级飞翔篇 III
听力文本及参考答案

Boya Chinese
Listening and Speaking (Advanced) III
Listening Scripts and Answer Keys

李晓琪 主编

刘立新 雷雯 池玮敏 编著

目录

第1课　普通话与方言 …………………………………………………… 1

第2课　五位作家的城市观 ……………………………………………… 7

第3课　中国怎么想 ……………………………………………………… 12

第4课　从"小大楼"说起 ……………………………………………… 17

第5课　奇妙的成语 ……………………………………………………… 22

第6课　全球气候变暖，人类将如何应对 ……………………………… 26

第7课　无法回避的问题 ………………………………………………… 31

第8课　体育与科技 ……………………………………………………… 36

第1课　普通话与方言

第一部分

（来自韩国的报社记者郑恩美和中国的范老师是好朋友。今天，他们在公园里偶然相遇了。）

郑恩美：您好，范老师！好久不见！

范老师：你好，恩美！真是好久不见了！听说假期你去四川来着。怎么样，玩儿得？

郑恩美：玩儿得很好。我太喜欢四川了！

范老师：你都去什么地方了？去九寨沟了吗？

郑恩美：本来我是想去九寨沟的，但最后还是去了成都。我跟很多成都人聊天儿。他们非常友好。我非常喜欢听成都人说话。

范老师：你这么喜欢听成都人说话？你能听懂吗？

郑恩美：有的我听得懂，有的听不懂。年轻人说话，我容易听懂；老年人，嗯——不容易。但是，我都很喜欢听。他们说的是四川话，对吧？范老师，您能听懂四川话吗？

范老师：我？还可以吧。小时候我和爸爸妈妈去过成都，那时候还不大能听懂，现在倒能听懂不少。不过，我觉得啊，现在很多新生代的四川人说的已经不是原汁原味的四川话，而是普通话味儿的四川话了，所以我和你才都听得懂。再说了，四川话也是北方话的一种，跟北京话算是一家子嘛。

郑恩美：怪不得！那么，您的意思是，老年人还能说正宗的四川话，年轻人不能了，是吗？

范老师：差不多，但也不都是。另外，我听四川的同事跟我说过，那些说评书的老艺人——你听过评书吧——原本都是用正宗四川话说的，可如今有的老艺人也开始学习普通话了——当然是四川味儿的。四川人自己还给这种普通话起了个别名，叫作"椒盐普通话"。你猜这名字是什么意思？

郑恩美："椒盐普通话"？"椒盐"是什么意思？

范老师:"椒"就是花椒,或者胡椒;"盐"就是做菜放的盐。

郑恩美:花椒?嗯,我吃过的四川菜,里面有很多花椒。但是"椒盐"是有盐的,不全是花椒,对吧?那就是说……哦,我明白了,这是一种比喻。

范老师:明白了吧!

听力练习

一、听第一遍录音,回答问题

1. 他们主要在谈论什么问题?(B)
2. 郑恩美说,她在假期去了四川的什么地方?(B)
3. 郑恩美说,她在四川容易听懂什么人说的四川话?(A)
4. 范老师说,他能听懂哪种四川人说的四川话?(B)
5. 文中的"椒盐"是什么?(B)

二、听第二遍录音,把下面的词语填在合适的位置,表示它们的关系

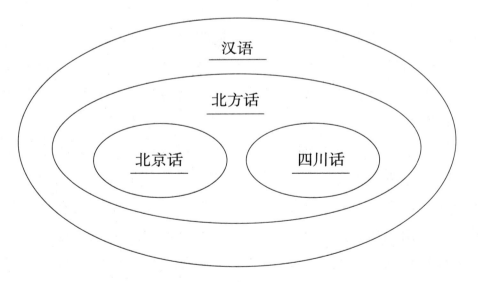

三、听第三遍录音,选择正确答案

1. 范老师觉得,新生代的四川人能不能说正宗的四川话?(B)
2. 范老师说的"椒盐普通话",指的是一种什么话?(C)
3. 范老师说,他现在能听懂四川人说话,有哪两个原因?(BD)

第二部分

郑恩美：以前我只学习标准的普通话，最近听到了这么可爱的方言，好像发现了一块新大陆！哦，对了，范老师，我记得您是湖南人，对吧？可是，您说的汉语我都能听懂。您说的不是湖南话吧？

范老师：当然不是了。我是长沙人，但我只在家乡说长沙话。我要是跟你说起长沙话来，保证你一句也听不懂。

郑恩美：哦。那么，您的家乡也有湖南味儿的普通话吗？

范老师：有啊。我们长沙人就给这种普通话起了个名字，叫作"塑料普通话"。什么意思呢？我也没考证过，大概就是指不太标准的普通话吧。

郑恩美：什么？还有"塑料"的普通话？这个，您也会说吗？

范老师：我能听懂，但是我不说。我是汉语老师啊！要么说标准的普通话，要么说正宗的家乡话，怎么能说这种扭曲的"塑料话"呢？

郑恩美：对不起！可是，我猜，也有很多湖南人说这种普通话，是不是？就像四川人一样。

范老师：是啊，而且主要是我们长沙人喜欢说。你看看现在的电视节目，那些小品啊、相声啊，好像还挺推崇"塑料普通话"呢。有人还把那些节目放到网络上传来传去的。哎！面对媒体文化的入侵，多少年来一直让我引以为傲的正宗长沙话，简直是不堪一击啊！

郑恩美：原来是这样啊！电视的力量确实很大，我能理解您的心情。可是，毕竟有很多人都在说这种"塑料普通话"。我记得您和我说过，语言是"约定俗成"的，没有绝对的对错，是不是？

范老师：嗯，这话倒是不假。但不管怎么说，正宗的长沙话，会说的仍然大有人在。作为一种方言，我还是希望它能够不断地传承下去。"塑料普通话"呢，虽然我不怎么喜欢——有时候我觉得，这就是对正宗方言的颠覆嘛——但是，只要人与人之间确实有这种交流的需求，新的方言自然会应运而生，要是没有需求了，那就让它自生自灭好了。

听力练习

一、听第一遍录音，选择正确答案

1. 范老师认为，郑恩美只能听懂他说的什么话？（A）
2. 郑恩美猜测，哪里的人会说"塑料普通话"？（A）
3. 范老师认为，哪种媒体没有入侵长沙话？（B）
4. 范老师认为，很多长沙人说"塑料话"的原因是什么？（C）

二、听第二遍录音，选择正确答案

1. 郑恩美问范老师会不会说"塑料话"，范老师回答的意思是什么？（B）
2. 范老师自己不说"塑料普通话"，他的两个理由是什么？（CD）
3. 范老师跟郑恩美说，语言是"约定俗成"的。意思是，他觉得长沙人_____。（B）

三、根据录音选择合适的词语

1. 以前我只学习标准的普通话，最近听到了这么可爱的方言，好像发现了一块<u>新大陆</u>！

2. 我是长沙人，但我只在家乡说长沙话。我要是跟你说起长沙话来，<u>保证</u>你一句也听不懂。

3. 我们长沙人就给这种普通话起了个名字，叫作"塑料普通话"。什么意思呢？我也没<u>考证</u>过，大概就是指不太标准的普通话吧。

4. 我是汉语老师啊！要么说标准的普通话，要么说<u>正宗</u>的家乡话，怎么能说这种<u>扭曲</u>的"塑料普通话"呢？

5. 你看看现在的电视节目，那些小品啊、相声啊，好像还挺<u>推崇</u>"塑料普通话"呢。有人还把那些节目放到网络上传来传去的。哎！面对媒体文化的<u>入侵</u>，多少年来一直让我引以为傲的正宗长沙话，简直是<u>不堪一击</u>啊！

6. 电视的力量确实很大，我能<u>理解</u>您的心情。可是，<u>毕竟</u>有很多人都在说这种"塑料普通话"。我记得您和我说过，语言是"<u>约定俗成</u>"的，没有绝对的对错，是不是？

7. 不管怎么说，正宗的长沙话，<u>会说</u>的仍然<u>大有人在</u>。作为一种方言，我还是希望它能够不断地<u>传承</u>下去。"塑料普通话"呢，虽然我不怎么喜欢——有时候我觉得，这就是对正宗方言的颠覆嘛——但是，只要人与人之间确实有这种交流的需求，新的方言自然会应运而生，要是没有需求了，那就让它自生自灭好了。

第三部分

郑恩美：您说得有道理。您看，我和您说汉语，您从来也不取笑我的"泡菜味儿"。

范老师：你的普通话已经说得很标准了！我刚认识你的时候，听你说话，我还以为你是中国人呢。真的，根本没想到你是韩国人。

郑恩美：哪里，哪里！我有几个音一直发不好，您以前常常提醒我，谢谢您。但我自己知道，我现在的发音还是不够地道，而且怎么也改不了。

范老师：嗯，你的发音，仔细听，是还有点儿小毛病，也有点儿不够自然。不过，你自己有这个意识就好。

郑恩美：谢谢！可是我在中国也遇到一些外国人，他们在中国生活了很多年，汉语说得比我流利，还喜欢展示自己的汉语说得有多快，可惜，我就是听不懂，最后只好请他们改说英语。

范老师：哎呀，那就比较麻烦了。其实，只要是中国人，说的是普通话，即使有些南腔北调，也就是带上不同地区方言土语的味道，大家也还能听得明白。可是，如果要让我们分辨外国人的洋腔洋调就困难多了。当然了，大家谁也不是外星人，说话交流的目的是一致的，就是要理解对方的意思，所以我们应该尽量包容你们，适应你们才好。你们既然愿意说汉语，我们就应当努力听你们说。

郑恩美：这样就太好了！还有，我顺便跟您打听一下，这学期我要上一个汉语提高班，有一门课叫"高级听说"——这门课对我有用吗？

范老师："高级听说"？当然有用啊！上那门课的老师我认识，他的普通话可比我标准多了。你跟他学习，一步一个脚印地坚持练习，一定能超越自己现在的水平。这是个好机会！

郑恩美：听您这么说，那我就——那个词儿怎么说的？对，我心里就"有谱儿"了！

听力练习

一、听第一遍录音，选择正确答案

1. 郑恩美说，她的汉语有"泡菜味儿"。原因是什么？（C）
2. 范老师说，他没想到郑恩美是韩国人。原因是什么？（B）
3. 范老师说，"你自己有这个意识就好"。这句话是想告诉郑恩美什么？（B）
4. 郑恩美说，她心里"有谱儿"了。她要表达什么意思？（A）

二、听第二遍录音，选择正确答案

1. 郑恩美和一些在中国的外国人交流时，她认为他们的汉语_____。（A）
2. 范老师认为，中国人听什么样的话更容易明白？（B）
3. 范老师认为，中国人会包容和适应外国人的洋腔洋调。他的理由是什么？（A）
4. 范老师认为，上"高级听说"课对郑恩美很有用。他的两个理由是什么？（AC）

三、根据录音选择合适的词语

1. 您说得有道理。您看，我和您说汉语，您从来也不取笑我的"泡菜味儿"。
2. 我有几个音，一直发不好，您以前常常提醒我，谢谢您。但我自己知道，我现在的发音还是不够地道，而且怎么也改不了。
3. 你的发音，仔细听，是还有点儿小毛病，也有点儿不够自然。不过，你自己有这个意识就好。
4. 其实，只要是中国人，说的是普通话，即使有些南腔北调，也就是带上不同地区方言土语的味道，大家也还能听得明白。可是，如果要让我们分辨外国人的洋腔洋调就困难多了。当然了，大家谁也不是外星人，说话交流的目的是一致的，就是要理解对方的意思，所以我们应该尽量包容你们，适应你们才好。

第2课　五位作家的城市观

第一部分

人文精神可谓城市的根与魂。有什么样的城市，就有什么样的人，当然反过来说也是一样的。这都是因为气质——人的气质、城市的气质。我们顺着京广线由南往北依次挑选了几座风格各异的城市，并且在每座城市都邀请了一位在当地生活和居住的作家参加我们的访谈，试图去寻找这些城市的根与魂。这些城市并不都是大都市。其中位于长江流域的长沙、武汉，位于黄河流域的郑州，都属于内陆城市。我们无意去呈现这些城市特有的景观，也不从绿化程度或经济发展的排名来进行比较，而更多的，是想了解生活于其中的人是怎么看待自己所在的城市。

城市1：广州（被采访人：黄爱东西）

广州是市场经济的发源地，到处是旺盛的人间烟火气息，这就不难理解广州人为什么爱说"龙马精神"。

广州也是大排档的发源地，大排档的店铺一家不让一家。如果在大排档里看到某位明星，你绝对不要感到意外，因为这跟在北京三里屯撞到明星的机会一样多。

问：你觉得广州这座城市最大的特点是什么？
答：生活方便、环境宽松。无论什么样的生活方式，在这里都不会引起大惊小怪的反应。
问：广州市民衡量好生活的标准是什么？
答：广州人看重自己的高兴、舒适。比如衣着上不讲款式，但绝对要舒服。

听力练习

一、听第一遍，判断对错

1. 有什么样的城市，就有什么样的人。（对）
2. 这五座城市并非都是大都市，但都是内陆城市。（错）
3. 广州是市场经济和大排档的发源地。（对）
4. 广州人衡量生活的标准是穿衣服要讲款式。（错）
5. 广州人看重自己的高兴和舒适。（对）

二、听第二遍录音，完成练习

1. 记者选择这五座城市进行介绍和访谈的目的是什么？（D）
2. 下列说法不正确的是_____。（B）

三、根据录音选择合适的词语

人文精神可谓城市的根与魂。以广州为例：广州是市场经济的<u>发源地</u>，到处是<u>旺盛</u>的人间烟火气息。广州也是大排档的发源地，大排档的店铺一家不让一家。如果在大排档里看到某位明星，你绝对不要感到<u>意外</u>。广州最大的特点是生活<u>方便</u>、环境<u>宽松</u>。无论什么样的<u>生活方式</u>，在这里都不会引起<u>大惊小怪</u>的反应。

第二部分

城市2：长沙（被采访人：何顿）

长沙的出租车司机坚持说长沙方言。因为在长沙人看来，不会说普通话还不如不说，硬要说那种带着浓重的长沙口音的普通话会显得有点儿装腔作势。而且长沙人不仅能把方言发展成一种娱乐，还能将其变成一门大生意。在歌厅，演员们用长沙话拉着高音满场走，常是掌声雷动，甚至有的歌手边喝边唱，很多中年人也浑然忘我地站起来边唱边舞，参与其中。主持人常挂在嘴边的一句话，"大家是来开心的，不是来开会的"。

问：很多作家都选择了北京作为居住地，您却一直没离开过长沙，为什么？
答：到了外地必须要说普通话，表达起来有障碍。
问：您觉得长沙人或者说湖南人在心态上有什么特点？
答：从心态上来说，湖南人有韧性，很少愿意屈服；湖南人好朋友、好热闹，喜欢聚在一起吃饭、喝酒、打牌；湖南是出思想、概念、头脑的地方，政治家多。

城市3：武汉（被采访人：池莉）

因为南北兼容，武汉没有自己的菜系，但这里的臭豆腐倒是自成一派。白天最繁华的地段都会支着若干个小车，烧着煤炉，铺着铁板。

问：这次我们到武汉，发现现在武汉人的脾气没有前些年火暴，争吵的概率少了。你作为一个老武汉，能说说这种变化的原因吗？
答：武汉近年来变化很大。文明程度提高了，当然脾气也就不那么火暴了；另外，也许还有长期受冷落的原因吧。在中国新一轮的改革开放高速发展中，武汉市不是东部，也不是西部，不是北方，也不是南方，所以一直享受不到最优惠的政策。

不过，其实武汉人的火暴也就是刀子嘴豆腐心，与武汉人打交道往往是不打不成交。在武汉待久了你就会发现，武汉人心挺好的，好起来可以对人掏心掏肺、两肋插刀。

问：你怎么评价武汉文化的特点？
答：应该说武汉文化的特点就是拥有中国所有大城市的特点。武汉位居中国中部，接待的是南来北往的客，吃的是天南地北的菜，什么衣服好看就穿什么衣服，喜欢谁就认谁。冲撞之后是包容改造，拿来之后成为自己的主义。

听力练习

一、听第一遍录音，选择正确答案

1. 文中提到哪里的司机坚持说方言？（A）
2. 作家何顿认为湖南人喜欢什么？（A）
3. 作家池莉认为武汉人的性格怎么样？（B）

4. 武汉市在中国的什么位置？（A）

5. 武汉这座城市的特点是什么？（A）

二、听第二遍录音，判断对错

1. 长沙人把方言发展成一种娱乐。（对）
2. 作家何顿选择不去北京而留在长沙是因为在长沙朋友多。（错）
3. 武汉的菜系南北兼容。（对）
4. 武汉人对人很不友善。（错）
5. 武汉一直享受不到国家最优惠的政策。（对）

三、根据录音选择合适的词语

1. 长沙的出租车司机<u>坚持</u>说长沙方言。因为在长沙人看来，不会说普通话还不如不说，硬要说那种带着<u>浓重</u>的长沙口音的普通话会显得有点儿<u>装腔作势</u>。

2. 从心态上来说，湖南人有<u>韧性</u>，很少愿意<u>屈服</u>；湖南人好朋友、好热闹，喜欢聚在一起吃饭、喝酒、打牌；湖南是出思想、概念、头脑的地方，<u>政治家多</u>。

3. 其实武汉人的火暴也就是刀子嘴<u>豆腐心</u>，与武汉人打交道往往是<u>不打不成交</u>。在武汉待久了你就会发现，武汉人心挺好的，好起来可以对人<u>掏心掏肺</u>、两肋插刀。

4. 武汉文化的特点就是<u>拥有</u>中国所有大城市的特点。武汉<u>位居</u>中国中部，接待的是<u>南来北往</u>的客，吃的是<u>天南地北</u>的菜，什么衣服好看就穿什么衣服，喜欢谁就认谁。

第三部分

城市4：郑州（被采访人：张宇）

问：我们到了郑州，发现这座城市有着省会城市不该有的萧条。你生活在这里，有什么感受？

答：我个人挺喜欢郑州，它能藏住人。如果换在小城市，人的名气没有多大，但善意或者不那么善意的麻烦却会找上门来，况且讯息也相对闭塞。但在郑州，基本上你干什么都不会引起那么大的反应，什么样身份的人都能在这儿

第2课　五位作家的城市观

平静地生活。

问：你怎样看你生活的这座城市？

答：郑州是个内陆移民城市，这个城市极具包容性，是明显的不排外城市，郑州人对外地人都是很客气的，甚至有时会让人感觉外来的和尚好念经。

城市5：北京（被采访人：邱华栋）

问：北京能把你留住，最主要的原因是什么？

答：在北京待了一段时间之后总想离开，但离开久了又想回来。后来我自己也仔细想了想原因，主要还是有一帮值得想念的朋友在这儿。

问：北京能给那儿的人一种什么样的生活？

答：在北京，特别适合进行精神文化方面的创作。这儿的信息量大，高层次的文化交流活动多。这个城市最大的优点还在于它的包容性。我有一个德国朋友从某个国家的某个城市回来，说在那儿很难受，因为那儿的人把外国人看得太高，他总觉得处处被人抬举着，相比之下，北京的氛围更加宽容更加随意，让人感觉舒服自在，没什么约束。

（选自《新周刊》104期）

听力练习

一、听第一遍录音，选择正确答案

1. 记者到郑州后的第一印象是_____。（B）
2. 郑州是个_____城市。（A）
3. 郑州人对外地人都很_____。（B）
4. 北京最大的优点是_____。（B）
5. 作家邱华栋不离开北京的原因是_____。（B）

二、听第二遍录音，判断对错

1. 什么样身份的人都能在郑州平静地生活。（对）
2. 郑州人喜欢听和尚念经。（错）
3. 北京能获取大量信息，特别适合精神文化方面的创作。（对）
4. 作家的德国朋友喜欢北京。（对）

第 3 课　中国怎么想

第一部分

　　随着中国的崛起，有两个问题对世界越来越重要：中国人是谁？中国人怎么看世界？

　　在人种概念上，只要具有中华民族血统的人，包括汉族及各少数民族，均可称为Chinese，涉及遍布全球的华人、唐人、ABC。只是今天的中国人既不同于两千多年前的中国人，也不同于改革开放之前的中国人。

　　走向强大的背后，中国怎么想？——中国曾经怎么想？中国今天怎么想？中国应该怎么想？2009年《新周刊》曾选择了88句话，认为它们代表着中国人对世界的真实看法。不看不知道，一看吓一跳——有些浅陋过时的想法仍顽固地存在于国人的脑海中，有些想法则印证了中国的进步。十多年过去了，这些看法是否依然存在于人们的观念中？

　　下面是选自其中的四句话，每句话后有一段说明。听完之后，你怎么想？

听力练习

一、听第一遍录音，判断对错

1. 文中提到了两个问题：中国人怎么看世界，世界怎么看中国。（错）
2. 《新周刊》选择了88句话来报道中国人对世界的真实看法。（对）
3. 这些选出来的话表明中国人的想法仍然陈旧过时。（错）

二、听第二遍录音，选择正确答案

1. 录音中提到了以下哪项内容？（D）
2. 以下选项哪个是正确的？（A）

12

第3课　中国怎么想

三、听第二遍录音，根据录音选择合适的词语

1. 随着中国的崛起，有两个问题对世界越来越重要：中国人是谁？中国人怎么看世界？
2. 不看不知道，一看吓一跳——有些浅陋过时的想法仍顽固地存在于国人的脑海中，有些想法则印证了中国的进步。

第二部分

常回家看看

"常回家看看"一度是老外必学的一句中国话。这句话来自同名歌曲《常回家看看》，这首歌曲自1999年问世，至今已有二十余载。它之所以流行，正是因为很多人没有时间，不能常回家看看，只好用歌曲表达自己的美好情愫。

家庭是最有活力的社会细胞，中国人非常重视家庭关系。曾有美国总统羡慕中国的医疗、教育、养老等社会义务都由家庭承担。中国人传统的幸福观是子孙绕膝，四世同堂，合家团圆，家和万事兴。现在老一辈人还认为，养育后代是一个家庭最重要的事情，否则人这一辈子生活没有了盼头。

常回家看看，人们渴望的是家的那种氛围，熟悉的情景，彼此的寒暄。在家里，孩子们可以帮父母做做家务，吃顿妈妈做的好饭，听长辈们说说家里家外的事儿。

但"新新人类"不这样看。对他们而言《常回家看看》是一首过气歌曲。他们要自由自在，拥有自己的小天地、重视个人体验、喜欢网上购物交友、喜欢宅在房间里，这些正是他们理想的生活。

想唱就唱

2005年度《超级女声》成为大众文化领域值得关注的文化现象。

《超级女声》这档节目使得社会中处于弱势地位又热爱音乐的女孩子们借助电视平台被人崇拜和追捧。对她们来说，成为明星不再是"推开夜的天窗，对流星说愿望"那般遥不可及了。

随后我们看到了一批从草根到明星的个案，如郭德纲被冠以"相声超男"、易中天被冠以"学术超男"，虽没有《超级女声》主题曲"想唱就唱"为他们伴奏，但

如"超女"一样,他们让中国普通民众看到了一种全新的自由表达、展现自我价值的方式。

听力练习

二、听第一遍录音,选择正确答案

1. 选择说法正确的一项。(A)
2. 选择不符合课文内容的一项。(C)

三、听第二遍录音,选择正确答案

1. 以下哪一项不符合人们对"新新人类"的描述?(B)
2. 下面哪一项不符合课文中提到的"推开夜的天窗,对流星说愿望"的意思?(D)

四、听第三遍录音,根据录音选择合适的词语

1. 家庭是最有活力的社会<u>细胞</u>,中国人非常重视家庭关系。曾有美国总统<u>羡慕</u>中国的医疗、教育、养老等社会义务都由家庭<u>承担</u>。
2. 中国人<u>传统</u>的幸福观是子孙绕膝,<u>四世</u>同堂,合家团圆,<u>家和万事兴</u>。
3. 常回家看看,人们渴望的是家的那种<u>氛围</u>,熟悉的情景,彼此的<u>寒暄</u>。在家里,孩子们可以帮父母做做家务、吃顿妈妈做的好饭、听长辈们说说<u>家里家外</u>的事儿。
4. 2005<u>年度</u>《超级女声》成为大众文化<u>领域</u>值得关注的文化<u>现象</u>。
5. 《超级女声》这档节目使得社会中处于<u>弱势</u>地位又热爱音乐的女孩子们借助电视平台被人崇拜和追捧。
6. 我们看到了一批从<u>草根</u>到<u>明星</u>的个案,他们让中国普通民众看到了一种全新的自由表达、<u>展现</u>自我价值的方式。

第三部分

宁做鸡头,不做凤尾

创业还是就业,就是做鸡头还是做凤尾式的选择题。其实这是一个选择发展路径的问题。条条道路通罗马，但鸡头可以做到"我的地盘听我的"，输赢得失都是自我选择，而且期待有一天可以做成凤头；凤尾暂时是凤头的附庸，背靠大树好乘凉，但输赢得失都由别人决定，除非自己有一天熬成了凤头。

做鸡头还是做凤尾？前者有自由和长期风险，责任重大；后者有束缚但长期稳定，责任轻微。选择哪一种，完全取决于个人性格、自我判断、能力和机遇。

德国行为学家海因罗特也发现了心理学和行为学上的"印刻效应"：承认第一，无视第二。凤头自然是第一品牌，但鸡头与凤尾谁更有机会更快进阶为凤头，在乎个人。

当然，今天的中国人并不拘泥于做鸡头，也会做凤尾式的选择，能去大城市的大公司就不去小城市的小公司，能去大城市的小公司就不去小城市的大公司。因为个人发展之路可以转换轨道，鸡头、鸡尾、凤头、凤尾，此一时彼一时。

三十而富

从两千多年前孔子的"三十而立"，到当下中国人的愿景中或现实中的"三十而富"，这一字之差突显了传统和现代断裂中中国新富人群渴望过新生活的普遍社会心态。

在西方媒体眼中，中国"三十而富"族群是依靠中国崛起而迅速致富的"华人雅皮士"。他们或在跨国公司担任管理工作，或自主创立新经济公司，他们有房有车，热衷休闲生活，强调品位，及时享乐，他们已经成为中国大城市休闲消费的中坚力量。

今天，20世纪80年代"三大件"——冰箱、彩电、洗衣机，换成"新五子登科"——房子、车子、儿子、票子、帽子，使"三十岁族群"感到了莫大的压力。"三十而富"的愿望很可能转变为"三十而负"的现实，成为房奴、车奴和卡奴。

听力练习

二、听第一遍录音，选择正确答案

1. 下面哪一项和"鸡头"有关？（C）
2. 下面哪一项不属于"三十岁族群"可能会面对的情况？（A）

博雅汉语听说·高级飞翔篇 III
听力文本及参考答案

三、听第二遍录音，选择正确答案

1. 下面哪一项和"鸡头"有关？（A）
2. 下面哪一项不属于西方媒体对"三十而富"族群的印象？（D）

四、听第三遍录音，根据录音选择合适的词语

1. <u>创业</u>还是<u>就业</u>，就是做鸡头还是做凤尾式的选择题。其实这是一个选择<u>发展路径</u>的问题。

2. 德国行为学家海因罗特也发现了心理学和行为学上的"印刻效应"：<u>承认第一，无视第二</u>。

3. 从"三十而立"到"三十而富"，这一字之差<u>突显</u>了传统和现代<u>断裂</u>中中国新富人群渴望过新生活的<u>普遍</u>社会心态。

4. 他们或在跨国公司担任管理工作，或自主创立新经济公司，他们有房有车，<u>热衷</u>休闲生活，<u>强调</u>品位，及时享乐，他们已经成为中国大城市休闲消费的<u>中坚</u>力量。

5. "三十岁<u>族群</u>"感到了<u>莫大</u>的压力，"三十而富"的愿望很可能转变为"三十而<u>负</u>"的现实，成为房奴、车奴和卡奴。

第4课 从"小大楼"说起

第一部分

你听说过"小大楼"吗?又小又大,到底是小还是大?我第一次听说这个词语的时候一头雾水,去了趟东京才明白。那里有很多"小大楼",同样是高楼林立的大都市,东京的市容风格与其他地方相比极为迥异。所谓的"小大楼",就是小小的大楼,说它小吧,动辄就是十好几层高;说它大吧,往往门面只有三四米宽,乍一看活像根火柴棍儿插在地上,设计倒是五花八门、各有特色。只是我有点儿杞人忧天地担心,住在这样的房子里,怎么能转得过身来?我曾询问同行的日本朋友,怎么会有这样又窄又高的楼房呢?一开始,他们对我的问题不以为然,因为,在他们眼里,日本各地都有很多这样的房子纵横于世,他们从来没觉得有什么蹊跷,被我一追问,反倒引发了他们的好奇。这些日本朋友都去过中国,在中国他们确实没见过这样的房子。大家的第一反应是因为日本地价昂贵,可是,在同样寸土寸金的上海外滩、北京王府井也见不到这样的房子。也许,这种"小大楼"还真是日本的一大特色,而当地人已经习以为常。

有一次我去爱知世博会上的日本展厅,刚走进大厅就看到几张这样的大幅照片:同一段街道不同年代的几张照片,从明治时代至今,从低矮的平房到战时的一片废墟,再到今天一幅现代化的景象。沧海桑田之间,让人感慨的是,透过这些现代化的建筑,依稀可见当年每一块土地的形状,仿佛它们都是由过去那些低矮的平房长大而成的。而在高槻市接近中心区的地方,可以见到一块只有几分地大小的水稻田,很是罕见,经过打听才知道,这块地的主人喜欢吃自己种的水稻。

听力练习

一、听第一遍录音,选择正确答案

1. 说话人描述了哪里的市容?(A)

2. 什么是"小大楼"？（A）

3. 文中提到中国什么地方寸土寸金？（A）

二、听第二遍录音，判断对错

4-2
1. 作者觉得东京的市容很特别。（对）

2. 日本人觉得"小大楼"很特别。（错）

3. 因为地价很贵，中国也有很多"小大楼"。（错）

三、听录音，把你听到的成语写下来并造句

4-3
1. 五花八门

2. 杞人忧天

3. 不以为然

4. 寸土寸金

5. 习以为常

四 根据录音选择合适的词语

4-4
　　那里有很多"小大楼"，同样是<u>高楼林立</u>的大都市，东京的<u>市容</u>风格与其他地方相比极为<u>迥异</u>。所谓的"小大楼"，就是小小的大楼，说它小吧，动辄就是十好几层高；说它大吧，往往门面只有三四米宽，乍一看活像根火柴棍儿插在地上，设计倒是五花八门、各有<u>特色</u>。

第二部分

主持人：电视机前的观众朋友好，两位嘉宾好！欢迎来到我们《今日趣谈》节目。刚才我们播放了一个关于"小大楼"的短片，今天我们的话题就以此展开。不知道二位嘉宾对这种"小大楼"是否有所了解？你们觉得在现代化的大都市里出现像东京这样的"小大楼"，对现代城市建设有什么样的影响？

男嘉宾：我来抛砖引玉。"小大楼"不仅在东京，在很多城市都存在，不过我倒没太注意到闹市区的稻田。看了刚才的短片后，我觉得，在高楼林立的城市里能看到稻花飘香的情景，倒是充满了诗意。我想，这也许可以成为未来城市生态建设的一个新方向吧。

女嘉宾：我在台北旅行的时候，看过类似的"小大楼"，有的楼甚至建在主干道的正中央，看起来挺危险的。而且我还发现，他们旧城区的黄金地段存在一些又窄又陈旧的街道，消防车估计都很难通行。有位当地的朋友告诉我，这些楼和街道在他小的时候就有了，六七十年都没变过，我觉得挺不可思议的。在我看来，这些楼存在非常严重的安全隐患，对人对己都不好。考虑到公共安全、公众利益，是不是应该拆除比较好？

主持人：是的，让稻田点染城市的诗意的做法确实值得发扬，窄小陈旧的街道所存留的隐患确实需要治理，这都是为了一个目的：保持城市生态的安全与美好。

听力练习

一、听第一遍录音，判断对错

4-6
1. 电视台拍了一个视频叫《今日趣谈》。（错）
2. 只有日本才有"小大楼"。（错）
3. 视频里的闹市区存在一片稻田，看起来非常诗意。（对）
4. 小大楼一般建在主干道旁边。（错）
5. 一些陈旧的街道，消防车都难以通行，有安全隐患。（对）

二、根据录音选择合适的词语

4-7
男嘉宾：我来<u>抛砖引玉</u>。"小大楼"不仅在东京，在很多城市都存在，不过我倒没太注意到<u>闹市区</u>的稻田。看了刚才的短片后，我觉得，在<u>高楼林立</u>的城市里能看到<u>稻花飘香</u>的情景，倒是充满了<u>诗意</u>。我想，这也许可以成为未来城市<u>生态建设</u>的一个新方向吧。

三、根据录音选择合适的词语

4-8
女嘉宾：我在台北<u>旅行</u>的时候，<u>看过类似</u>的"小大楼"，有的楼甚至建在主干道的正中央，<u>看起来挺危险</u>的。而且我还发现，他们旧城区的黄金地段存在一些又窄又<u>陈旧</u>的街道，消防车<u>估计</u>都很难通行。有位当地的朋友告诉我，这些楼和街道在他小的时候就有了，六七十年都没变过，我觉得挺不可思议的。在我看来，这些楼存在非常严重的安全隐患，对人对己都不好。考虑到公共安全、公众利益，是不是应该拆除比较好？

主持人：是的，让稻田点染城市的诗意的做法确实值得发扬，窄小陈旧的街道所存留的隐患确实需要治理，这都是为了一个目的：保持城市生态的安全与美好。

第三部分

男嘉宾：这个话题很有意思，也让我想到我前段时间看到的一篇文章。我搜出来给你们念一下："中国城市在近几十年的现代化建设中取得了令人瞩目的成就，但在强调现代工商业发展之余，不够重视城市作为市民定居场所与生活环境的一面，直观体现之一便是街道空间的丧失。放眼世界，欧洲城市在现代化过程中还较好地保留了一种基于街道公共空间的生活方式，这来自于欧洲文化传统中的市民文化与城市精神，在这样的基础上发展而来的市民城市的街道品质，能够为国内城市设计提供很好的参考。"对了，文章里还有一句我特别喜欢的话，那就是建筑设计师维克多·多佛说的："街道是将城市粘连起来的公共空间胶水，它将成为让人乐于走出汽车的场所。"

女嘉宾：说得真好！城市建设背后的确蕴含着十分丰富的历史和文化元素。

主持人：我们节目组也找到了其他国家在城市规划方面的一些资料。有一篇文章来自"国家地理中文网"公众号，标题是《面积不足伦敦一半的新加坡竟然成了全世界城市的榜样，怎么做到的？》，我们也把它做成了视频短片，请大家欣赏：

新加坡被称为"花园城市"一点儿都不夸张。作为一个城市国家，它迅速发展的塔型建筑风光带，已成为大都市规划的一大成功案例。人口密集型城市的规划者不仅要考虑自然植被的广度，还要考虑它的上升空间。植物生长的可持续性、绿色植物屋顶、阶梯式垂直花园、自然植物墙等因素，均被考虑在内。

主持人：看了这个短片，不知观众们有什么感想？新加坡的国土面积仅为半个伦敦大小，但面积小也有面积小的好处，据说人们早晨醒来就可以悠闲地泡在海水

第4课　从"小大楼"说起

里享受一番，随后换上地铁就能按时上班，十分从容。那么，新加坡是怎么做到的？下期节目我们将为您揭晓答案，也希望您可以通过《今日趣谈》节目参与到我们的讨论当中。

【男嘉宾所读文章选自《建筑与文化》2017年第10期，
《中欧城市街道对比分析》，作者：王冠宇；
视频短片及相关内容改写自"国家地理中文网"公众号】

听力练习

一、听第一遍录音，判断对错

4-10
1. 男嘉宾读了一篇他自己写的文章。（错）
2. 中国城市在近几十年的现代化建设中取得了很大的成就。（对）
3. 伦敦被称为"花园城市"。（错）

二、听第二遍录音，把你听到的词语写下来并造句

4-11
1. 在<u>强调</u>现代工商业发展之余，不够重视城市作为市民定居场所与生活环境的一面。
2. 新加坡被称为"花园城市"一点儿都不<u>夸张</u>。
3. 看了这个短片，不知观众们有什么<u>感想</u>？
4. 据说人们早晨醒来就可以<u>悠闲</u>地泡在海水里享受一番，随后换上地铁就能按时上班，十分<u>从容</u>。

三、根据录音选择合适的词语

4-12
1. 中国城市在近几十年的现代化建设中取得了令人瞩目的<u>成就</u>，但在强调现代工商业发展之余，<u>不够重视</u>城市作为市民定居场所与生活环境的一面，直观体现之一便是街道空间的<u>丧失</u>。
2. <u>放眼</u>世界，欧洲城市在现代化过程中还较好地保留了一种基于街道公共空间的生活方式，这<u>来自于</u>欧洲文化传统中的市民文化与城市精神，在这样的基础上发展而来的市民城市的街道品质，能够为国内城市设计提供很好的<u>参考</u>。

21

第5课　奇妙的成语

第一部分

　　我们学汉语常常遇到的拦路虎便是如何理解和使用成语，但偏偏中国人又爱用成语。他们聊天儿时不知不觉蹦出来的成语，经常让我们听得云里雾里。下面我就来说一说我的痛苦经历。

　　来到中国，形形色色的方块字已经让我眼花缭乱。而那些写文章字斟句酌的人往往喜欢用言简意赅的成语表达自己的观点，真是让我头痛不已。虽然我一直掌握不好成语，对它们一窍不通，但和中国人待久了，耳濡目染，我就不怕班门弄斧了。尽管如此，我有时候还会贻笑大方。

听力练习

一、听第一遍录音，选择正确答案

5-2
1. 说话人是中国人还是外国人？（B）
2. 说话人认为，学习成语的最大困难是什么？（A）
3. 对于汉字，说话人提到了什么？（B）
4. 说话人是否敢于使用成语？（A）
5. 根据第一部分内容可以猜到后边可能要谈什么？（A）

二、听第二遍录音，判断对错

5-2
1. 中国人也怕用成语。（错）
2. 说话人看到汉字会眼花。（错）
3. 成语的好处是言简意赅。（对）
4. 说话人常常能接触到中国人。（对）
5. 说话人没有说成语的勇气，因为怕用错了被人笑话。（错）

第5课 奇妙的成语

三、听录音,把你听到的四字成语写下来

不知不觉　　云里雾里　　眼花缭乱　　贻笑大方　　字斟句酌

言简意赅　　一窍不通　　耳濡目染　　班门弄斧　　浩如烟海

四、根据释义写出对应的成语或词语,然后听录音,进行核对

成语	对应的成语
1. 比喻遇到的困难或者障碍。	拦路虎
2. 不经意,没有感觉到。	不知不觉
3. 像在云雾之中。不明白,摸不着头脑。	云里雾里
4. 形容事物种类繁多。	形形色色
5. 因为看到繁杂的事物而感到迷乱。	眼花缭乱
6. 因困难或麻烦而感到不舒服,不好应付。	头痛不已
7. 一字一句地考虑、琢磨。	字斟句酌
8. 言辞不多,而意思却很完备。	言简意赅
9. 比喻一点儿都不懂。	一窍不通
10. 经常听到看到而不知不觉受到影响。	耳濡目染
11. 比喻在内行人面前卖弄本事。	班门弄斧
12. 被内行人笑话。	贻笑大方

第二部分

　　在刚刚接触成语的时候,我不知道它有丰富的内涵,甚至弦外之音,于是我就望文生义。我记得有一次看到一篇文章中说一个人是"井底之蛙",我苦思冥想、大惑不解,明明是一个人,怎么成了一只青蛙呢?后来终于茅塞顿开、恍然大悟,原来中国也有王子变青蛙的童话呀!还有一次,我在动物园看见熊猫津津有味地吃竹叶,突然想到一个成语,就脱口而出:"你们看!熊猫已经胸有成竹了!"结果惹得其他游客捧腹大笑。"再有一次,我看着一群小孩儿在捉迷藏,有一个小朋友找来找去都找不到可藏的地方。我便想过去帮他,于是问道:"欸,小朋友,你是不是无地自容了?"我到现在还记得那个小孩儿是怎样满脸诧异地看着我。他莫名其妙地对我说:"应该是你无地自容吧。"唉!我真的是吃尽了成语的苦头。

听力练习

一、听第一遍录音，选择正确答案

"我"讲了几个学习和使用成语时闹的笑话？（B）

二、听第二遍录音，判断对错

1. 在刚开始接触成语的时候，"我"就知道成语有丰富的内涵。（错）
2. 游客见熊猫吃竹子的样子很可爱，所以都笑了起来。（错）
3. "我"和孩子们玩儿捉迷藏，结果找来找去找不到可藏的地方。（错）
4. 因为"我"不会玩儿捉迷藏，所以小孩子满脸诧异地看着我。（错）
5. 因为用错了成语，"我"吃了很多苦头。（对）

三、听第三遍录音，在"我"用错的成语前画√

☐望文生义　　☑无地自容　　☑胸有成竹　　☐大惑不解

四、听录音，将成语填写完整并解释成语的意思

弦外之（音）　　望文（生）义　　井底（之）蛙　　（苦）思冥想　　大（惑）不解

茅塞（顿）开　　恍然大（悟）　　津津有（味）　　（脱）口而出　　胸有（成）竹

捧腹大（笑）　　无地（自）容　　莫名（其）妙

第三部分

　　我们学成语的时候总会觉得自己徒劳无功，虽然知道了意思，也不能正确使用，抱着成语词典一筹莫展。不同成语的细微差异往往只可意会，不可言传，这也是让很多学生叫苦不迭的一点。于是我们不禁怀疑，还要不要继续搜肠刮肚地说成语？每一次当我们鼓足勇气想说一个刚刚学到的成语时，话一出口又引来旁人的一阵大笑。屡战屡败、屡败屡战，真是苦不堪言。

　　但是我们也不可以灰心丧气，在中国免受成语之苦的办法也不是没有，这辈子就算了，下辈子争取出生在中国，别无他法。

（选自2006年12月北京大学对外汉语教育学院留学生演讲比赛
演讲稿《奇妙的成语》 作者：孟明伟）

听力练习

一、听第一遍录音，下面哪一项没有提到？（ B ）

二、听第二遍录音，判断对错

1. 我们学成语的时候总是胸有成竹。（错）
2. 很多学生为不会使用成语词典而烦恼。（错）
3. 使用一个新学的成语时，我们需要很大的勇气。（对）
4. 我们使用成语的时候常常闹笑话。（对）
5. 我非常享受使用成语的快乐。（错）
6. 作者用幽默的口气介绍了一个免受成语之苦的办法。（对）

三、根据录音选择合适的词语

我们学成语的时候总会觉得自己<u>徒劳无功</u>，虽然知道了意思，也不能正确使用，抱着成语词典<u>一筹莫展</u>。不同成语的细微差异往往只可意会，<u>不可言传</u>，这也是让很多学生<u>叫苦不迭</u>的一点。于是我们不禁怀疑，还要不要继续<u>搜肠刮肚</u>地说成语？每一次当我们鼓足勇气想说一个刚刚学到的成语时，话一出口又引来旁人的一阵大笑。<u>屡战屡败</u>、<u>屡败屡战</u>，真是<u>苦不堪言</u>。

第6课 全球气候变暖，人类将如何应对

第一部分

北京时间12月6日消息，据美国《新科学家》杂志的网站报道，随着全球气候变暖，北极地区的冰雪融化得越来越快，全球气候变暖正对北极地区造成严重影响。

1. 塔西拉克岛

塔西拉克岛位于格陵兰岛的东部，被视为环绕北极之旅的最好的出发点。站在塔西拉克小镇背后的山顶之上，人们可以看到整个塔西拉克岛，同时也可以明显感受到气候变暖对北极的巨大影响。在《新科学家》的记者艾伦·安德森的身后是绵延起伏的雪山和格陵兰岛东部的冰河，在他的西侧则是巨大的冰盖和挪威探险家弗里乔夫·南森前往西格陵兰探险曾经走过的道路。

2. 冰川锅穴

如今这片冰盖已经与南森当年所见过的冰盖相去甚远。随着气候变暖，许多冰盖早已开始融化，冰融水形成了一条条溪流。这些溪流最终又会流入冰川锅穴之中。冰川锅穴就是因为冰面融化坍落而形成的。人们站在这样的冰面上，可以听到巨大的水流声，可以明显感受到危险的存在。如果落入冰川锅穴之中，将永远被埋在冰层之下。冰融水流入冰川锅穴后还会起到一种润滑作用，促使冰川向大海加速移动，最终整个冰川将消失于海水之中。

3. 伊卢利萨特镇

伊卢利萨特镇位于北极圈以北，是格陵兰岛上的一个小镇，周围是那些世界上最大最厚的冰川。现在，从这里已经可以很容易看到西格陵兰，这要归因于气候变暖。由于气候变暖，冰融水和相对温暖的海水使得格陵兰岛上巨大的冰川开始开裂并快速地向海洋滑行，现在已经抵达伊卢利萨特镇附近的海洋中。

第6课　全球气候变暖，人类将如何应对

听力练习

一、听第一遍录音，选择正确答案

1. 这篇新闻稿是由_____《新科学家》杂志的网站发出的，由_____转发的。（B）
2. 艾伦·安德森是《新科学家》杂志的_____。（A）
3. 冰川锅穴是因为_____而形成的。（B）
4. 世界上最大最厚的冰川在_____周围。（A）

二、听第二遍录音，判断对错

1. 如果想要环绕北极旅行，塔西拉克岛是最好的出发点，它位于格陵兰岛西部。（错）
2. 站在塔西拉克小镇背后的山顶之上，人们可以看到整个塔西拉克岛。（对）
3. 冰盖逐渐硬化，最终形成了冰川锅穴。（错）
4. 冰融水会加快冰川向海洋移动的速度。（对）
5. 由于气候变暖，格陵兰岛的冰川已经开裂并且滑向海洋。（对）

第二部分

4. 冰川融化

科学家们估计，如今格陵兰岛上的冰雪融化会造成海平面每年上升1毫米。也许每年1毫米的速度并不能引起人们的注意，但是如果持续100年，再加上南极冰川融化的影响，全球海平面上升的速度将会越来越快。而且随着海水温度越来越高，到2100年，海平面或许会增加1米左右。这对于一些沿海城市或地势较低的国家来说，相当于灭顶之灾。

5. 北极熊

北极海冰也在不断融化。1993年夏天，北极海冰覆盖面积约为750万平方公里。到2007年9月，北极海冰覆盖面积仅剩430万平方公里。未来，北极海冰很可能会面临

再一次的大面积崩塌。在北极海冰融化过程中，北极熊将是最大的受害者。尽管严禁捕猎北极熊，但它们终将无法逃脱气候变暖所带来的灾难。美国科学家曾经在一份研究报告中警告：到2050年，北极熊也许会灭绝。

6. 海象

北极海冰的融化也将危及海象。大部分北极海象都生活在北极地区的北冰洋。海冰是它们的重要交通工具，这种安全平台可以将母海象和刚刚出生的宝宝运送到食物丰富的海域中。随着海冰的消失，许多小海象将会淹死在海水中或者因为找不到食物而饿死。

7. 海鸠

以往，海鸠都习惯于将巢穴建在悬崖峭壁之上，以免受到捕食者的攻击，而附近的冰山周边区域则是它们最好的捕食场所。然而，随着冰山的融化，海鸠又是否能适应环境和食物链的变化呢？我们也不得而知。

听力练习

6-4

一、听第一遍录音，选择正确答案

1. 格陵兰岛上的冰雪融化会造成海平面每年上升_____。（A）
2. 由于气候变暖，海冰融化，到2050年，什么动物可能会灭绝？（B）
3. 大部分北极海象生活在什么海洋中？（A）
4. 海鸠把巢穴建在什么地方？（A）

6-4

二、听第二遍录音，根据要求完成练习

随着气温的升高，北极地区的海冰在融化过程中，有哪些动物将受到威胁？请圈出它们。

答案：ADE

6-5

三、根据录音选择合适的词语

<u>1993年</u>夏天，北极海冰覆盖面积约为<u>750</u>万平方公里。到<u>2007年9月</u>，北极海冰覆盖面积仅剩<u>430</u>万平方公里。未来，北极海冰很可能会<u>面临</u>再一次的大面积

28

崩塌。在北极海冰融化过程中，北极熊将是最大的受害者。尽管严禁捕猎北极熊，但它们终将无法逃脱气候变暖所带来的灾难。美国科学家曾经在一份研究报告中警告：到2050年，北极熊也许会灭绝。

第三部分

8. 因纽特人

不仅仅是北极动物将面临生存的挑战，北极地区的人类很可能也无法适应环境的变化。这一地区似乎越来越不适宜居住。因纽特人是北极地区格陵兰岛上的常住居民。他们在海岸边安家落户，主要靠捕猎海中哺乳动物为生。事实上，气候变暖造成食物链被破坏，也间接影响着因纽特人的生活。在埃尔斯米尔岛上，生活着许多因纽特人。随着冰盖的融化，埃尔斯米尔岛斯泰恩斯峡湾附近许多地方都露出了土地和山头。

9. 塔西拉克镇

塔西拉克镇上的学生们都喜欢踢足球，他们非常友善，对陌生的来客也非常热情，但是，他们的未来充满了未知数。随着冰雪融化成水，传统的捕猎技术都用不上了，而且，由于永久冻结带的融化，许多道路和房屋将不再安全。

一百多年来，全球平均气温经历了冷—暖—冷—暖两次波动，总体为上升趋势。全球变暖的主要原因是人类在近一个世纪以来大量使用矿物燃料，排放大量温室气体。全球变暖会带来各种各样的后果，比如，会使全球降水量重新分配，冰川和冻土消融，海平面上升等，既危害自然的生态环境，也威胁着人类的食物供应和居住环境。

全球气候变暖，人类将如何应对？

（选自中国新闻网2009年12月8日，《北极冰川融化，地球或被淹没》，有删改）

听力练习

一、听第一遍录音，选择正确答案

1. 格陵兰岛上的因纽特人在哪里安家落户？（A）
2. 塔西拉克镇上的学生们喜欢什么体育运动？（B）
3. 一百多年来，全球气温经历了怎样的波动？（A）

二、听第二遍录音，判断对错

1. 因纽特人无法适应环境的变化，直接原因是气候变暖造成食物链被破坏。（错）
2. 埃尔斯米尔岛斯泰恩斯峡湾附近许多地方露出了土地和山头。（对）
3. 全球变暖的主要原因是人类大量燃烧矿物燃料，排放大量温室气体。（对）
4. 全球变暖只危害了自然环境，对人类的居住环境暂时没有影响。（错）

三、根据录音选择合适的词语

1. 不仅仅是北极动物将面临生存的<u>挑战</u>，北极地区的人类很可能也无法适应<u>环境</u>的变化。
2. 因纽特人主要靠<u>捕猎</u>海中哺乳动物为生。
3. 他们非常<u>友善</u>，对陌生的来客也非常<u>热情</u>。
4. 全球变暖会带来各种各样的后果，比如，会使全球<u>降水量</u>重新分配，冰川和冻土<u>消融</u>，海平面上升等，既<u>危害</u>自然的生态环境，也威胁着人类的食物<u>供应</u>和居住环境。

第7课 无法回避的问题

第一部分

今天，可能很多人都已经接受了这样的观点：安乐死，可以在最大程度上减轻病人的痛苦和病人家庭的不必要的损失，把有限的资源用到更需要的地方去。虽然有越来越多的人接受了安乐死，但直到2000年11月，世界上才有了第一个可以合法实行安乐死的国度——荷兰，而且有关安乐死的争论从未停止过。然而，我们现在要谈的是一个既和安乐死有关，又涉及另一个世界的话题，这就是宠物的安乐死问题。在某种意义上，人们不愿接受它，提出这种建议的医生，甚至会被称为"凶手"。但正如一位动物学家所说，有的时候，人类的仁慈反而会给动物带来极大的痛苦。宠物安乐死已经成为无法回避的问题。

给宠物实行安乐死是人道还是合理谋杀？人们对此有何看法？针对这一问题，某网站记者进行了相关采访。

听力练习

一、听第一遍录音，判断下列哪项内容没有出现
1. 安乐死的好处。（出现）
2. 第一个合法实行安乐死的国家。（出现）
3. 第一个被实行安乐死的人。（未出现）
4. 关于安乐死的讨论。（出现）
5. 宠物的安乐死问题。（出现）

二、听第二遍录音，判断对错
1. 很多人不认为安乐死可以最大程度上减轻病人的痛苦。（错）
2. 世界上第一个可以合法实行安乐死的国家是荷兰。（对）

3. 关于安乐死的争论一直没有停止。（对）
4. 有人将那些给宠物实行安乐死的医生称为冷血动物。（错）
5. 宠物安乐死是一个必须面对的问题。（对）
6. 针对宠物安乐死问题，记者进行了采访。（对）

三、根据录音选择合适的词语

1. 安乐死，可以在最大<u>程度</u>上减轻病人的痛苦和病人家庭的不必要的<u>损失</u>，把有<u>限</u>的资源用到更需要的地方去。
2. 虽然有越来越多的人接受了安乐死，但直到2000年11月，世界上才有了第一个可以<u>合法</u>实行安乐死的<u>国度</u>——荷兰，而且有关安乐死的<u>争论</u>从未停止过。
3. 我们现在要谈的是一个既和安乐死有关，又<u>涉及</u>另一个世界的话题，这就是宠物的安乐死问题。
4. 正如一位<u>动物</u>学家所说，有的时候，人类的<u>仁慈</u>反而会给动物带来极大的痛苦。
5. <u>宠物</u>安乐死已经成为无法<u>回避</u>的问题。
6. 给宠物实行安乐死是<u>人道</u>还是合理<u>谋杀</u>？人们对此有何<u>看法</u>？针对这一问题，<u>某</u>网站记者进行了相关<u>采访</u>。

第二部分

网友观点

网友甲：我曾经养过一只小狗，在医生确诊它患上绝症后，我依然没有放弃对它的治疗。医生对我说，它治好以后很可能会半身不遂。而我对医生说，只要它能活着，不管它变成什么样子我都会尽力养它。虽然小狗最终没有救活，但它让我意识到一种责任，一份发自内心的爱。

网友乙：别说动物了，人在必要的时候都应该安乐死。但事情放在自己身上时，却不那么容易。同事家12岁的老猫前年死了，据说死前很痛苦，最后，还是"安乐"了。当时我还责怪他们实行得太晚。几个月后，我家16岁的老猫得了肾衰竭，这才发现要给它做出安乐死的决定是多么艰难。我不愿眼睁睁看它死去，我想尽一切办法，四处寻求帮助，甚至到处咨询如何给猫换肾……大夫说它只能活半年，但是它现在已经多活了1年了。不过，我知道那一天总会到来，到那时如果它太痛苦，我还是得给它"安乐"，可真怕到时候下不了狠心……

网友丙：我一生最大的愿望就是能收养所有无家可归的小猫小狗，但是想一想，如果家中有一只小狗，生下来就不能像其他小狗一样奔跑玩耍，这是多么残酷的一件事啊！作为主人，我们根本不可能对它照顾得那么周到、细致。如果它被抱到外面，看到其他小狗在草地上自由玩耍，而自己却只能在那里看着，不知道它心里会怎么想。如果让它永远生活在一个封闭的空间内，不与外界接触，对它又是多么不公平。与其这样受罪，还不如让它永远睡去，早点儿从痛苦中解脱出来。

网友丁：我自己也养了一只狗，因此我不愿看到一个好好儿的生命就这样被执行安乐死。虽然它只是一只狗，但它也有自己的意愿。相信没有人会主动放弃自己的生命，那我们又怎么知道这只狗愿意主动放弃自己的生命呢？虽然它只是一只狗，但它的生命并不卑贱，更何况它还曾经陪伴过主人那么长时间。我真的特别想知道：如果得了不治之症的不是一只狗，而是自己的家人，我们会抛弃他或者给他实行安乐死吗？

听力练习

一、听第一遍录音，选择正确答案

1. 记者采访了几位网民？（B）
2. 有几位网友自己养过宠物？（C）

二、听第二遍录音，填写表格

问题	人物			
	网友甲	网友乙	网友丙	网友丁
养过什么宠物	狗	猫	/	狗
宠物得过什么病	绝症	肾衰竭	/	/
宠物是否还活着	已死	活着	/	活着
对于宠物安乐死的看法	不支持	支持但纠结	支持	不支持

三、根据录音选择合适的词语

1. 我曾经养过一只小狗，在医生确诊它患上绝症后，我依然没有放弃对它的治疗。医生对我说，它治好以后很可能会半身不遂。而我对医生说，只要它能活着，不管它变成什么样子我都会尽力养它。虽然小狗最终没有救活，但它让我意识到一种责任，一份发自内心的爱。

2. 我家16岁的老猫得了肾衰竭，这才发现要给它做出安乐死的决定是多么艰难。我不愿眼睁睁看它死去，我想尽一切办法，四处寻求帮助，甚至到处咨询如何给猫换肾……

3. 我一生最大的愿望就是能收养所有无家可归的小猫小狗，但是想一想，如果家中有一只小狗，生下来就不能像其他小狗一样奔跑玩耍，这是多么残酷的一件事啊！

4. 我不愿看到一个好好儿的生命就这样被执行安乐死。虽然它只是一只狗，但它也有自己的意愿。相信没有人会主动放弃自己的生命，那我们又怎么知道这只狗愿意主动放弃自己的生命呢？

第三部分

医生观点

医生甲：我至今还记得一只病猫。那只猫的皮肤已严重溃烂，而主人坚决不同意给它实行安乐死。就这样，在每次为它上药时，它都会发出尖叫，让人目不忍睹。最终，这只猫还是死了。作为医生，我非常能够理解动物主人的心情，因为毕竟在一起生活了好多年，真要做出这种选择是非常艰难的。坦白地讲，在进行安乐死手术后，我的内心同样很难受。但是，作为一名宠物医生，良知和职责都提醒我们，这是必要的。

医生乙：其实京城的许多宠物医院都有安乐死项目，只不过认同者不太多。宠物安乐死，目前在我国主要是采取静脉注射麻醉剂使其深度麻醉，抑制呼吸而结束其生命的方法，可以在5分钟之内完成。动物临终时感觉不到任何痛苦，形体也不会发生变化，应该说是很人道的。因此，我们真诚地提醒宠物的主人，当宠物的病已经无法治好时，为减轻或免除它们的痛苦，请听从医生的建议，让它们安然离去。

第7课　无法回避的问题

动物保护组织人员的观点

目前大概没有哪一个现行法律涉及宠物安乐死，也没有新的政策出台。如何对待有残疾的动物，是需要我们正视和深入探究的问题。现在很多动物保护组织都处于一种两难的境地中：对于流浪动物或者被主人遗弃的残疾动物，养着，是个负担，早晚有一天会养不起；不养，于心不忍。但是，不论是医生还是动物保护组织，都希望从根本上杜绝遗弃动物的现象。

听力练习

一、听第一遍录音，选择正确答案

7-8　　在这一部分中，记者采访了哪两类人？（BD）

二、听第二遍录音，判断对错

7-8
1. 医生甲讲了一只病猫的故事。（对）

2. 医生甲认为宠物安乐死是没有必要的。（错）

3. 医生乙说认同宠物安乐死的人很多。（错）

4. 医生乙介绍了给宠物实行安乐死的方法。（对）

5. 目前已经出台了和宠物安乐死相关的政策。（错）

6. 很多动物保护组织都处在十分矛盾的境地。（对）

第8课 体育与科技

第一部分

主持人：听众朋友们，早上好！这里是新活力体育台。又到了每天的《体育早茶馆》时间。一杯早茶，一天活力！我是主持人小徐。最近我们收到一些听众来信，大家希望了解一下现在科学技术的发展对于体育运动有一些什么样的影响。那么今天做客我们"早茶馆"的三位嘉宾，都是这方面的专家。我们请他们来一起聊一聊科技和体育的关系，回答听众最关心的几个问题。来，欢迎各位嘉宾！

众嘉宾：大家好！

主持人：我们知道，2008年北京奥运会提出了"科技奥运"的口号，可见科学技术和体育运动有很大关系。如今，十年过去了，科技更是飞速发展，对于体育方面的影响也是十分巨大。相信有许多听众都想知道，体育运动到底在哪些方面受到科技发展的影响。这个问题，我们请《体育大视野》杂志的副主编雷伦先生跟大家介绍一下。

雷先生：好的！既然说到了奥运会，我就先跟大家谈谈竞技体育吧。竞技体育嘛，追求的是"更快、更高、更强"，所以不管是运动员还是教练，平常训练的时候都在动脑筋。过去大家都是凭经验、想当然，其实有些训练方法是经不起进一步推敲的。现在呢，就要讲究科学指导了。如果给跑步的运动员测量步幅和步频——就是迈步子的长短和快慢，多少才合适呢？这就需要做实验，不断尝试之后才能弄清楚。运动员每天吃什么、喝什么、训练多久、休息多久，也要讲究科学。除了科学训练，还有高技术的装备。一双不起眼儿的鞋子、一把球拍，如果用上工程师研制的新材料，就可能让运动员跑得更快，球打得更准。另外呢，高科技也不光有助于提高成绩，不能为了成绩、为了金牌就连命都不要了，对不对？所以有的医生会专门研究怎么样才能让运动员不生病、不受伤，不管是训练还是比赛，健康第一，安全第一，这是起码的要求。

主持人：看来，高科技是既可以提高运动成绩，又能保障人身安全，真的很有用啊！谢谢雷先生的介绍！

听力练习

一、听第一遍录音，选择正确答案

1.《体育早茶馆》是哪一种媒体上的节目？（B）
2. 一共有几位嘉宾参加了这个节目？（C）
3. 主持人说到了北京奥运会的哪一句口号？（B）

二、听第二遍录音，选择正确答案

1. 为什么雷先生要先介绍竞技体育的情况？（B）
2. 竞技体育追求的是什么？（A）
3. 雷先生说，和过去相比，现在的训练方法增加了什么？（A）
4. 雷先生认为，竞技体育中第一重要的研究工作是什么？（C）

三、听第三遍录音，根据所听内容连线

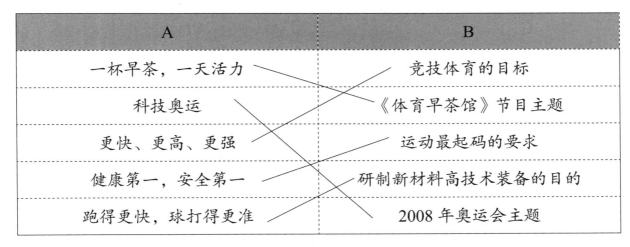

A	B
一杯早茶，一天活力	竞技体育的目标
科技奥运	《体育早茶馆》节目主题
更快、更高、更强	运动最起码的要求
健康第一，安全第一	研制新材料高技术装备的目的
跑得更快，球打得更准	2008年奥运会主题

第二部分

主持人：刚才聊过了竞技体育，可是还有很多听众特别想知道，咱们普通老百姓平常的运动健身跟高科技有哪些关系。我听说江州市在这方面政绩非常突出，许多市民群众都从中获得了实惠，所以今天特别有请江州市社会体育管理中心的池伟主任，来给大家说说高科技在全民健身方面的贡献。池主任，您好！

池主任：主持人好！听众朋友们好！政绩不敢当，做好本职工作而已。我们江州市一向重视全民健身事业的财政投入，但近些年来也陷入了土地少、人口多的困境。针对城市社区的这一特定情况，唯一的出路就是鼓励发展一批具有科技含量的群众健身项目。比如在市中心地区，十年来我们没有新建一座体育场馆，只不过是对原有场馆做了原地改造，这样就能造福更多的普通民众。在居民小区，我们安装了成套的健身设施，方便中老年市民就近锻炼身体。此外，我们还组织编写了《城市居民日常锻炼指南》，通过中小学校和街道居委会免费发放，指导人们体验科学健身的益处，这就叫"用知识强健体魄"。

主持人："用知识强健体魄"，这个提法很新鲜！科学技术再发达，要是不把教育跟上，大家都不懂，不知道，那也没法儿共享实惠了。谢谢池主任的介绍，更要感谢您的工作！

池主任：不要谢我！都是群策群力的结果。

主持人：您太谦虚了！谢谢！

听力练习

一、听第一遍录音，判断下面哪个信息是本部分的主要内容（**B**）

二、听第二遍录音，选择正确答案

1. 池主任说"不敢当"是什么意思？（**B**）
2. 池主任的本职工作"是什么？（**B**）
3. 池主任以为，城市全民健身事业的唯一出路是什么？（**A**）
4. "用知识强健体魄"是指什么？（**B**）

第 8 课　体育与科技

三、听第三遍录音，选择正确答案

1. 主持人把普通老百姓的体育活动叫作什么？（B）
2. 江州市对体育场馆做了哪方面的建设？（C）
3. 池主任认为，城市里的中老年人在哪里锻炼身体最方便？（B）
4. 下面哪一项不是江州市发展群众健身项目的方法？（A）
5. 按照主持人的总结，"教育跟不上"会导致什么后果？（A）

第三部分

主持人：正像池主任提到的，一定要让教育跟上，才能发挥出科技应有的作用，避免产生负面影响。那么，关于高科技的负面影响，我们就请今天最后一位嘉宾，也是这方面的权威学者，东方体育大学体育社会科学系教授刘欣老师，给大家简要介绍一下，好吗？刘教授，您请！

刘教授：大家好！主持人说得很对，科学技术的发展如果被人恶意滥用，也会给体育事业带来无穷的祸害。其中最不得人心的，恐怕要算兴奋剂了。运动员吃了兴奋剂，就能更有力气，也更有精神，从而获得更好的成绩和名次，可是这类药物同时又会严重损害人体健康。有的人吃，有的人不吃，比赛就不公平了。为了维护真正的体育精神，也是出于保护运动员的目的，世界各国不仅一致谴责这种行径，而且聘请一流的专家来研究怎么检测兴奋剂，好还给观众们一个健康而公平的体育赛场。相比之下，还有一类问题的是非非就不太好随便论断了，比方说，有的游泳选手穿上了某种特殊材料制成的游泳衣就能游得更快。你说，这到底是人体的内在力量，还是衣服的外在功劳？随着科技的发展，围绕同类问题，人们肯定还会争论不休。我不赞同对这些新事物妄加排斥，但也认为应当谨慎划分用科技提高体育成绩与"人性"之间的界限。

主持人：谢谢刘教授！也再次感谢另外两位嘉宾！科学技术真的就像我们每一个人一样，生命不息，运动不止，时刻都在变化。体育运动和科学技术的关系，也需要我们继续思考和关注。一杯早茶，一天活力！小徐感谢各位收听今天的《体育早茶馆》节目。明天清晨同一时间我们再会！请您锁定新活力体育台，不要离开！广告之后还有精彩节目。

听力练习

一、听第一遍录音，选择正确答案

1. 刘教授在东方体育大学的哪个系工作？（B）
2. 刘教授说的"有的人吃药"是指什么？（A）
3. 刘教授认为，兴奋剂的害处是什么？（C）
4. 为什么主持人说"不要离开！广告之后还有精彩节目"？（C）

二、听第二遍录音，选择正确答案

1. 刘教授对"有的游泳选手穿上了某种特殊材料制成的游泳衣就能游得更快"的态度是什么？（B）
2. 刘教授不赞同什么样的做法？（A）
3. 刘教授说的"人性"是指什么？（C）
4. 为了维护体育精神，人们一致认为应该怎么做？（C）
5. 主持人在最后总结的时候提出了什么建议？（C）

三、根据录音选择合适的词语

　　主持人说得很对，科学技术的发展如果被人<u>恶意</u>滥用，也会给体育事业带来无穷的祸害。其中最<u>不得人心</u>的，恐怕要算兴奋剂了。运动员吃了兴奋剂，就能更有力气，也更有精神，<u>从而</u>获得更好的成绩和名次，可是这类药物同时又会严重<u>损害</u>人体健康。有的人吃，有的人不吃，比赛就不公平了。为了<u>维护</u>真正的体育精神，也是<u>出于</u>保护运动员的目的，世界各国不仅一致<u>谴责</u>这种行径，而且聘请一流的专家来研究怎么<u>检测</u>兴奋剂，好还给观众们一个健康而<u>公平</u>的体育赛场。相比之下，还有一类问题的<u>是是非非</u>就不太好随便论断了，比方说，有的游泳选手穿上了某种特殊<u>材料</u>制成的游泳衣，就能游得更快。你说，这到底是人体的内在力量，还是衣服的外在功劳？随着科技的发展，<u>围绕</u>同类问题，人们肯定还会<u>争论</u>不休。我不赞同对这些新事物妄加<u>排斥</u>，但也认为应当<u>谨慎</u>划分用科技提高体育成绩与"人性"之间的界限。